Andrea Weise

Dein seltsames Geschenk

AF210571

Andrea Weise

Dein seltsames Geschenk

Alles nur relativ

Bibliografische Information der Deutschen Nationalbibliothek: Die Deutsche Nationalbibliothek verzeichnet diese Publikation in der Deutschen Nationalbibliografie; detaillierte bibliografische Daten sind im Internet über dnb.dnb.de abrufbar.

© 2022 Andrea Weise
Herstellung und Verlag: BoD - Books on Demand, Norderstedt

ISBN: 978-3-7568-8593-0

Vorwort und wichtige, nette Hinweise

Ich hoffe, es ist richtig, dich in dem Buch mit „du" anzusprechen. Dieses Buch ist für dich, ich habe es für dich geschrieben.

Ich bin bestimmt nicht klüger als du, aber ich hatte viel Zeit zum Nachdenken während Erkrankung. Ich bin kein Arzt oder Therapeut. Aber auch ich habe der Welt einiges mitzuteilen, manches ist sinnvoll, anderes weniger sinngestaltend, sicher. Einiges regt zum Lächeln an, manchmal zum Nachdenken.

Generell gilt: Gegen etwas mehr Lebensfreude im Alltag ist doch nichts einzuwenden?!

Mir liegen die Menschen am Herzen und ich möchte anderen helfen, das Leben lebenswerter und leichter zu machen.
Namen von Personen sowie Begebenheiten der im Buch enthaltenen Kurzgeschichte sind Fantasie.

Mein Motto nun, nach all den Erfahrungen: Es gibt (fast) immer mindestens zwei Seiten und auch einen zweiten Weg aus der Misere, doch manchmal sieht man (noch) nicht einmal den ersten Weg der Lösung. Hinterher ist man immer schlauer…

Vom Wünschen und Schenken

Du hast bestimmt schon viele Geschenke erhalten in deinem Leben? Warst du immer zufrieden damit? Sicher nicht, bereits als Kind hast du schon den einen oder anderen Wunsch zum Geburtstag oder an Weihnachten nicht erfüllt bekommen. Du wolltest einen „echten" Hund und hast dann einen Spielzeughund bekommen, na toll! Oder du hast dir eine bestimmte Puppe gewünscht oder es sollte unbedingt dieses gelbe Auto sein und was dann da lag auf dem Tisch oder unter dem Tannenbaum, war damals nur ein Grund zum Heulen für dich.

Auch als Erwachsene können wir uns viel wünschen, doch nicht immer bekommen wir das, was wir möchten. Unsere Wünsche werden oft nicht beachtet und auch Geschenke sind nicht immer das, was wir wirklich haben wollen. So gibt es schöne, willkommene Geschenke und eben auch andere, naja, sagen wir mal, etwas zweifelhafte. Aus manchen zunächst rätselhaften Präsenten kann man noch etwas daraus machen, diese also ein wenig abändern und verschönern, um damit zufrieden zu werden und Freude daran zu haben.

Ich habe gerade die Kindheit angesprochen und da geht es auch los mit dem Schenken…

Du bist geboren, wie schön, willkommen auf der Welt!

Mit deiner Geburt bekommst du bereits das erste Geschenk, dir wird dein Leben geschenkt.

Aber auch du bist ein Geschenk, und zwar für deine Eltern und deine näheren Verwandten, Bekannten und Freunde. Ein süßes (nicht schreiendes) Baby entzückt fast jeden Menschen und bringt ein Lächeln in fast jedes Gesicht.

Sobald man als Kind geboren wird, das Licht der Welt erblickt, möchte man nur gemütlich in Frieden ungestört schlafen, satt essen (am Anfang trinken), also essen, schlafen, kuscheln, „kackern". Ich würde mal sagen, das sind die Grundbedürfnisse eines Menschen überhaupt. Generell. Etwas später möchte ein Kind in Ruhe spielen, auch mit netten anderen Kindern.

Und noch etwas später … ändert sich daran auch nicht viel. Denn wollen wir als Erwachsene nicht dasselbe? Ein Dach über dem Kopf, satt zu essen, gemocht und geliebt werden, ka… - naja.
Ich behaupte, dass wir auch als Erwachsene alle im Inneren noch kleine Kinder sind. Sieh dich doch einmal genauer im Alltag um, wir verhalten uns in der Angst wie kleine Kinder, wir streiten noch immer wie kleine Kinder oder wir freuen uns wortwörtlich „wie ein kleines Kind". Wir sind zwar gewachsen (aus der kindlichen Größe erwachsen), aber innerlich hat sich vom Wesen

her nicht viel geändert. Erlebnisse und Erfahrungen haben uns geprägt und geformt.

Aber zurück zum Kind. Als kleines Kind ist es mir zunächst einmal egal, ob ich in ein reiches Königshaus hinein geboren werde oder in eine arme Familie, ob ich eine krumme Nase habe und große Ohren. Es gibt hierfür, wie gut, keine Normvorschrift. Wer hat zu sagen, was die richtige Größe der Ohren ist? Damit sind wir nun auch bei dem, was richtig oder falsch ist im Leben. Sicher durch die Prägung der Familie und im Umfeld, in dem ich aufwachse, später dann durch Lehrer, Erzieher, Pfleger, dem Freundes- und Bekanntenkreis, Verwandte – werde ich „geformt".

Also bist du nun als kleines Kind hier auf der Welt und möchtest zunächst gemocht werden, ohne eine Gegenleistung erbringen zu müssen. Du bist als Kleinkind hilflos und von anderen abhängig, um zu überleben. Spätestens in deiner Kleinkind-Trotzphase wird dieser Satz „schön, dass du da bist" nicht immer stimmig für Eltern und Erzieher und das Umfeld sein. Dann ist man eine Herausforderung. Deine anderen Fähigkeiten außerhalb des Bockigseins werden dann nicht immer gelobt, weil du ja nicht so lieb warst und die Eltern und Erzieher noch mit den Nachwirkungen der Trotzattacke zu tun haben. Klar, man soll die Kinder von Herzen stärken, wie z. B. mit „es ist schön, dass du da bist". So schafft man ihnen ein gutes Gefühl, eine

Daseinsberechtigung. Mit Worten wie „Du bist gut so, wie du bist, aber nicht der Mittelpunkt der Welt.", könnte man ein gesundes, realistisches Selbstbewusstsein und Selbstwert beim Kind aufbauen. Aber das ist auch nicht immer leicht, wie eben beschrieben. Eltern sind auch nur Menschen und sie bekommen Stimmungen und Worte von ihren Eltern, diese von ihren Eltern und so weiter. Zwar ändern sich die Zeiten, aber viele Gewohnheiten und Sprüche aus der Vergangenheit bleiben. Noch schlimmer ist es allerdings, wenn du von klein auf als „Hosenscheißer" bezeichnet wirst, „der eh nichts wert ist" oder noch schlimmer, bei Missbrauch. Das sind die krassen Fälle, auf die ich hier aber nicht weiter eingehen möchte.

Ich beziehe mich hier auf die ganz „normalen" Tücken der Kindheit, in denen man je nach charakterlichen Voraussetzungen Demütigungen und Verletzungen entweder verarbeitet, vermeidet, ignoriert und bis ins Erwachsenenalter dennoch mit sich herumschleppt. Wir wissen oft nichts davon, aber wir fühlen uns irgendwie schlecht und unwohl in unserer Haut.

Ein Kind hat feine Antennen und spürt selbst die Stimmung um sich, dazu braucht es nicht einmal Worte, wie durch Beschimpfung, Kritik usw. Wenn es sich nicht geliebt fühlt, bezieht es auch noch die Schuld auf sich. Dies wiederum führt zu Schuldgefühlen, von denen manche im Erwachsenenalter auch noch nicht einmal merken, dass sie diese haben.

Ich verwende die Beschreibung „gesunder" Selbstwert und denke dabei, gesunder Selbstwert kommt vom Herzen und ist absolut positiv, solange ich anderen mit meinem Verhalten und Handeln nicht schade. Überzogene Selbsterhöhung dagegen stammt vom Ego, meist als Ergebnis von nicht verarbeiteter Demütigung und Verletzung oder eventuell aufgrund echter psychischer Erkrankung.

Kann ich schon als Kind selbst zu mir sagen, „ich bin gut so, wie ich bin, ich schade niemandem mit meinem Verhalten, ich bin nicht allein, lass die anderen reden" (gesundes Selbstwertgefühl, gesundes Selbstbewusstsein), dann wäre das die beste Lösung für mich als Kind und später als Erwachsener.

Die zweitbeste Lösung ist, dass ich wenigstens einen guten Menschen und Freund um mich habe, dem ich vertrauen und mit dem ich Kummer und Sorgen besprechen kann.

Wichtig finde ich aber, dass man generell den Menschen mit seinen Unterschieden anerkennt, da die Wurzeln dieser Unterschiede bereits vor der Geburt und in der Kindheit gebildet wurden, und je nach Erlebnissen und Erfahrungen positive oder negative Verstärkung erhalten.
Durch Demütigungen, Verletzungen und Mobbing bekomme ich schon als Kind Narben und Sachverhalte, die ich bewältigen

muss. Je nach charakterlichen, teilweise erblichen, inneren Voraussetzungen gelingt dies besser oder schlechter.

Im fehlenden Selbstwert liegt der Schlüssel für viele Probleme im Erwachsenendasein, wie beispielsweise die gefühlte Einsamkeit!

Wie zu Beginn erwähnt, sind wir bei der Geburt anwesend, aber nicht bewusst. Wir wissen nicht, dass wir wir sind und kennen keine Grenzen. Wir verlassen uns auf unsere Umgebung und haben keine Wahl. Was uns gesagt wird oder wie mit uns umgegangen wird, halten wir zunächst für richtig. Unser Selbst-Bewusst-Sein kommt nach und nach. Ich habe es mit Absicht mit Strichen versehen, denn dadurch wird deutlicher hervorgehoben, was es eigentlich damit auf sich hat. Was bin ich, wer bin ich, was kann ich und was nicht, wo sind meine Grenzen im Inneren und Äußeren?

Eine 60jährige Frau sagte einmal „so bin ich eben erzogen worden" und das machte mich schon stutzig! „Das war schon immer so und wird auch so weiter gemacht, weiter so bleiben" usw. sind ähnliche Sprüche. Ich meine, das, was vor 50 bis 80 Jahren richtig war, kann heute schon gern mal überprüft werden, denkst du nicht auch? Heute weiß man auch, dass Gehirnstrukturen, also das Denken, bis ins hohe Alter änderbar ist (außer bei bestimmten Erkrankungen). Du siehst, wie stark und wie enorm die Prägung im Kindesalter ist. Man hat ja als Kind keine anderen Möglichkeiten, als sich zu fügen.

Die Prägung wird fortgesetzt im Laufe unseres Lebens, auch heute noch, denn das, was uns täglich umgibt, beeinflusst uns doch.

Aber jetzt bist du erwachsen und kannst und solltest langsam beginnen, diese Redensarten und Denkweisen zu prüfen und auch zu überschreiben wie eine Festplatte des Computers.

Leider merken wir nicht oder erst sehr spät, dass es uns nicht gut geht und wissen nicht warum etwas „aus dem Ruder gelaufen ist oder das Fass überläuft". Immer schneller, höher, weiter und größer wollen wir uns selbst optimieren und selbst finden, um noch bessere Ergebnisse, höhere und weitere Extreme zu erreichen. Wir lenken uns ab mit ständigen diversen Reizüberflutungen und wundern uns dann, dass wir völlig überdreht sind und mit uns selbst und anderen nicht gut umgehen können. Das kann nicht gut gehen. Aber (fast) alles hat zwei Seiten, zum Glück.

Wir müssen aufhören, so zu tun, als ob, nur um den Schein nach außen zu wahren und aufhören, uns selbst zu belügen. Mach dir selbst nichts vor, sei ehrlich zu dir selbst, wenn es dir gut geht und auch, wenn es dir mies geht.

Auch in schwierigen Situationen, sozusagen aus der Not heraus, kann Gutes entstehen.

So gibt es auch sinnvolle Geschenke und diese sind gar nicht weit von uns entfernt. Manchmal scheinen sie erst seltsam, aber später entpuppen sie sich als nützlich, sehr nützlich sogar.

Ich will dir eine kleine Geschichte erzählen:

Wieder einmal steht sie im Schaufenster ihres kleinen Ladens und schaut in den nasskalten Abend. Bei diesem Anblick wird ihr gleich noch kälter, die Heizung hat sie aus Kostengründen kaum noch an. Leider hatte sie heute in ihrem Laden kaum Bewegung, was sie hätte aufwärmen können, denn auch heute war wieder ein Tag ohne nennenswerten Umsatz, ohne viele Kunden, die zu mehr Bewegung animiert hätten. Es läuft nicht gut. Gar nicht gut. Sie ist Inhaberin eines kleinen Geschenkeladens mit integriertem Paketshop. Der Paketshop wirft zwar nur etwa vierzig Cent pro Paket ab, aber die Masse der zu bearbeitenden Päckchen und Pakete, die ständig steigt, hilft ihr auch zum Überleben des Ladens.

Aber an Geschenke denkt im Moment keiner so richtig gern. Das Jahr bisher verlief schon nicht gut. Den Menschen sitzt das Geld nicht so locker, sie geben ihr Geld nur ganz bewusst und für dringendere Dinge als Geschenke aus. In zahllosen schlaflosen Nächten hat sie sich schon Gedanken gemacht, wie das Sortiment erweiterbar wäre oder was man noch anbieten kann, um den Umsatz anzukurbeln. Aufgeben wollte sie auch nicht, aber es würde wohl darauf hinauslaufen. Eine Idee, der lustige Spiegel, war am Anfang des Jahres mit begeisterten Ausrufen der Kunden, wie „ach, das ist ja mal was ganz tolles" oder „was es jetzt so alles gibt" und einem Lachen zwar für genial befunden, aber dennoch kaum gekauft worden. Der Spiegel machte nämlich immer ein lustiges Gesicht, egal, wie grimmig oder traurig man hineinschaute. So ähnliche Spiegel hatte sie einmal auf dem Rummelplatz gesehen und irgendwann kam ihr daher die Idee, ähnliches doch in kleiner Ausführung anzubieten. Gerade, wenn die Leute miese Laune hatten, wäre es eine schöne Aufmunterung. Eine kurze Aufmunterung war es auch für ihr Geschäft, aber nur eine schwache.

Es quietschte, das riss sie aus ihren Grübeleien, wieder einmal war sie auf das „Pupskissen" gekommen. Dieses blöde Kissen lag hier so rum, sie wollte es längst an einen anderen Platz legen oder ganz entsorgen. Der Großhändler hatte ihr mehrere solcher Kissen aufgeschwatzt: „gute Frau, die kosten nur fünfzig Cent, die kommen als Gag immer gut an". Also hatte sie damals widerwillig fünf Stück mitgenommen, nur das eine lag nun noch rum. Ab und zu kam jemand dagegen und es machte sein Geräusch, manchmal konnte sie da wenigstens noch lächeln.

Sie sah also auf die menschenleere nasse Straße vor ihr und nahm den Schlüssel, schloss die Tür ab und knipste die Nachtbeleuchtung an. Das geschah ganz automatisch. Manche Dinge des Alltags geschehen automatisch, so dass man im Nachhinein überlegt, ob man sie überhaupt erledigt hat. Nicht das erste Mal wäre es, dass sie nachts im Bett überlegt, ob der Laden auch zugeschlossen wurde. Wenn die Ware noch geklaut würde durch eine unverschlossene Tür und die Versicherung dann naturgemäß nicht zahlen würde, was wäre dann, sie mochte gar nicht daran denken.

Aber eine Frage stellte sie sich in den letzten Wochen des Öfteren: Was könnte ich noch machen? Die Ladenmiete war zwar gering und sie konnte in dem kleinen Zimmer mit separater Dusche und WC im hinteren Teil ganz gemütlich wohnen, so dass ihre monatlichen Ausgaben gering waren, aber dennoch war es finanziell äußerst knapp.

Ihre Ideenschmiede war auch geschlossen, sie wusste wirklich fast nicht mehr, was sie noch machen konnte, um wieder mehr Umsatz zu haben. „Onlineshop" riet kürzlich wieder ein Kunde, aber von anderen Ladenbesitzern, die dies machten, hörte man oft schlechte Nachrichten. Die Rücksendungen würden immer mehr, was den Aufwand und die Kosten der kleinen Läden in die Höhe trieb. Fast die Hälfte des Tages waren die Mitarbeiter oder Alleininhaber mit Retouren beschäftigt, das rechnete sich auch nicht. Nur Arbeit und Kosten und das wollte sie dann auch nicht. Eine kleine Website hatte sie zwar eingerichtet und präsentierte einige Waren, aber die Kunden sollten in den Laden gelockt werden, sie hatte daher auch viele Sonderangebote, die gingen immer gut, aber davon konnte man auch nicht überleben.

Als sie so neben dem Schaufenster stand, musste sie schmunzeln, da sie dachte, wie es wäre, wenn sie sich selbst verkaufen würde, und musste dabei kichern. Selbst als Angestellte einer Firma verkauft man ja oft seine Seele bei dem ganzen Stress, von

Mobbing ganz zu schweigen. Aber ein lustiger Gedanke war es schon. Was könnte sie selbst denn anbieten? Welche Arbeiten könnte sie für die Menschen da draußen erledigen? Vielleicht sollte sie doch so einen Onlineshop einrichten? Klar, die Rücksendungen steigen immer weiter, sie merkt dies ja selbst täglich im Paketshop. Und da war sie auch schon bei ihrem derzeitigen Problem, die Pakete. Sie hielten sie zwar finanziell über Wasser, machten aber auch viel Arbeit.

Deshalb hatte sie eine Suchanzeige in Auftrag gegeben. „Suche Mitarbeiter/in für Verkauf und Büro, auf Minijobbasis, gern auch als Praktikum". Das mit dem Praktikum war ihr Hauptziel, denn sie konnte eigentlich keinen Mitarbeiter bezahlen.

Sie räumte gerade neue Ware in ein Regal, als die Ladentür quietschend auflog. Die Tür klemmte mal wieder, auch hier müsste sie mal was machen, wurde sie just in diesem Moment lautstark erinnert, doch ihre Lethargie war unerträglich, grübeln, was sie noch machen könnte oder die Idee mit dem neuen Shop drehte sich in Endlosschleife in ihren grauen Zellen.

So stolperte nun ein etwas gruselig aussehender Mann durch die Tür, da sie erst klemmte und dann ruckhaft nachgab. Und natürlich gab auch noch das Kissen wieder einen Laut von sich, denn der Typ kam nun gerade mit seiner Hand darauf. Wie peinlich, aber beide mussten kichern und da sah sie, dass er doch nicht so gruselig aussah. Was Lachen aus Menschen machen kann, immer wieder erstaunlich.

Er stand nun direkt vor ihr und sie roch Tabak, sie wich aus diesem Grund einen kleinen Schritt nach hinten, denn kalten Raucheratem konnte sie nicht ertragen. „Guten Tag, ich will mich hier vorstellen, Sie suchen einen Mitarbeiter für den Laden und fürs Büro."

Ja stammelte sie und dachte, na toll, einen Raucher will ich gar nicht, als Kunde wäre er mir egal, aber nicht als Mitarbeiter, denn diesen Atemgeruch um mich und das paar Stunden lang am Tag, wie soll ich das aushalten.

„Was sind Sie denn von Beruf? Als was haben Sie zuletzt gearbeitet?"

Er rollt mit den Augen, stöhnt und antwortet dann doch: „Also ich war Fliesenlegemeister und angestellt in einer Firma, deren Inhaber in Rente ging, ich hätte die Firma übernehmen können, aber bis zur Rente kann ich auch nicht auf den Knien arbeitend durchhalten. Somit bin ich nun hier. Umschulung kommt nicht mehr in Frage, denn ich bin ja 58."

„Was wollten sie denn arbeiten? Verkauf oder Büro ist ja was ganz anderes."

„Ja, ich meine, Büroarbeiten habe ich schon als Handwerksmeister erledigt und da schaffe ich das, denke ich, auch den ganzen Tag irgendwie."

„Irgendwie?"

„Entschuldigen Sie, ich meine, ich könnte auch Neues lernen und das schaffe ich auch. Oder im Verkauf, ich wollte eigentlich Technikhandel, aber die stellen derzeit niemanden ein. Im Lager, also bei einem Versandhändler, wollte ich nicht, dann lieber mit Menschen in Kontakt kommen und direkter Verkäufer."

„Gut."

„Aber", er schaute sich skeptisch um, „im Geschenkeladen, ich weiß nicht."

„Aber Sie sind hierhergekommen."

„Ja, ich muss, denn das Notwendigste zum Leben kaufen muss auch ich und ich dachte, ansehen kann man es sich ja."

„Ja. Ich erkläre Ihnen mal kurz, was ich dachte und dann sehen wir weiter. Haben Sie eine Bewerbung mit?"

„Ja, als Datei, ich kann Sie Ihnen senden per Mail" und zeigt auf sein altes Handy, „ich kann dann von zu Hause eine Mail vom PC senden."

„Gut", sagte sie und lächelt: „Technikladen wäre auch gut für Sie, oder?" Sie lachen nun beide.

„Ja, das stimmt, aber das alte Handy ist noch super, tolle Fotos macht die darin enthaltene Kamera auch noch, die sehen ausgedruckt genauso gut aus, als hätte ich sie mit heutiger Smartphone-Kamera aufgenommen."

„Ja, ich habe auch noch so ein Handy, es ist zu schade, es wegzuwerfen oder wegzugeben. Irgendwie hänge ich noch dran."

Beide lächeln wieder. Er sieht wirklich gar nicht so gruselig aus mit einem Lächeln, denkt sie wieder.

„Also, ich habe mir das mit der Tätigkeit so vorgestellt: Im Moment wird das mit den Paketen immer mehr an Arbeit, aber ich brauche Sie nur stundenweise, auf Abruf wäre vielleicht gut, und später könnten es auch mehr Stunden werden. Ich weiß, dies sagen ihnen viele so, aber ich kann jetzt keine Zukunftsplanung machen. Senden Sie mir bitte die Bewerbung, wenn Sie noch Interesse haben, und ich durchdenke alles noch einmal konkret und melde mich bei Ihnen, so oder so."

„Das ist gut, danke für das Gespräch."

„Auf Wiedersehen."

„Tschüss."

Durch die quietschende schwerfällige Ladentür verließ er den Laden. Das wäre schon die erste Aufgabe für ihn, diese Tür zu reparieren, dachte sie so.

Am nächsten Tag kam seine Bewerbung. Sie las gerade ihre E-Mails, als Frau Liebe schwer mit der Ladentür kämpfte. Sie kam ihr zu Hilfe und versprach, beim nächsten Mal wäre die Tür repariert, sie hätte schon jemanden beauftragt.

Frau Liebe wollte, wie immer, Häkelgarn und noch eine bestimmte Wolle. Sie kam alle 2 Wochen und meist blieb sie zu einem Plausch, gab auch nicht viel Geld aus, aber sie war eine nette Kundin. Auch dieses Mal war es so, aber ihr schien es nicht so gut zu gehen. Schließlich war sie auch schon Ende 70 und die Knie machten so ihr eigenes Ding, wie sie immer sagte. Aber es schien noch etwas anderes zu sein.

„Geht es Ihnen gut, Frau Liebe? Wollen Sie ein Wasser?"

„Nein, danke, aber ich würde mich kurz hinsetzen, darf ich hier?" fragte sie und zeigte auf einen Stuhl, der als Dekotisch diente.

„Ja, natürlich."

„Wissen Sie, mir fällt es immer schwerer, die einfachsten Arbeiten im Haushalt zu erledigen und auch das Einkaufen ist beschwerlicher geworden."

„Haben Sie denn jemanden, der ihnen helfen kann?"

„Nein, noch geht es ja und im Haus fragt man mich auch schon mal, ob man was mitbringen soll, das ist sehr nett. Aber wissen Sie, Sie haben doch einen Wünscheladen, grinst sie, Sie könnten doch auch so etwas anbieten, denn Hilfe würde ich mir manchmal schon wünschen."

„Ja, aber wer soll dann im Laden bleiben, ich müsste ihn ja dann verschließen, wenn ich außerhalb bin."

„Das stimmt."

„Oder eher schließen, aber abends kommen dann auch wieder Kunden und danach habe ich auch keine Kraft mehr, weitere Arbeiten zu verrichten. Vielleicht sollte ich mittags zwei Stunden zu machen, aber Pakete werden oft in der Mittagspause aufgegeben, das geht auch nicht."

„Sie sind ja allein hier, oder? Ich habe ja noch niemand anderen als Sie selbst im Laden gesehen."

„Ja, ich bin allein, für weitere Mitarbeiter reichen die Einnahmen nicht, aber ich habe mich schon nach einer stundenweisen Aushilfe umgesehen."

„Verstehe. Selbst wenn ich die doppelte Menge an Wolle kaufen würde, es hilft Ihnen auch nicht und so viel häkeln und stricken kann ich auch gar nicht."

Nun lachen beide.

„Ich hole Ihnen ein Glas Wasser, Frau Liebe."

Dankbar nimmt ihre Kundin es dann doch an und trinkt hastig das halbe Glas leer. Das tat gut.

„So jetzt muss ich aber bezahlen und dann mache ich mich auf den Heimweg. Aber bisschen Bewegung braucht der Mensch auch, auch so ne alte Göre wie ich," sagt sie lachend und hievt sich aus dem Stuhl hoch.
Sie hilft ihr dabei und kassiert sie ab, nicht ohne einen gehörigen Kundenrabatt zu geben. Frau Liebe freut sich da immer so, sie hat ein herzliches Lachen trotz ihrer Schmerzen.

Danach hält sie ihr die Ladentür entschuldigend auf, sie würde sich nun kümmern, damit die Tür bald leichter zu bedienen ginge, und verabschiedet sich.

Sie denkt über die Worte der freundlichen alten Dame nach. Ja, Geschenke machen und Wünsche erfüllen, es liegt beides so nahe beieinander.

Da sie momentan keine Kunden im Laden hat, sieht sie sich ihre Website mal genau an.

Und da kommt ihr eine Idee.

„Was wünschen Sie sich? Was kann ich Ihnen als Wunsch erfüllen?" Sie tippt sogar ein paar Vorschläge ein, aber ohne weiter nachzudenken, mehr so als kleine Ideenanregung. „So könnte ich Ihnen eine Haushaltsfee schicken, die Ihnen Ihre Wohnung blitzeblank reinigt, kleine Reparaturen erledigt und nebenbei Ihre Wunschliste im Supermarkt abarbeitet." Klick.
Und schon steht es auf ihrer Website, mit ein paar Bildern versehen.

Lachend schließt sie ihren Laptop. Im Laden hängt sie auch noch ein kleines Schild auf, „neu im Angebot" und platziert es neben der Verkaufstheke, dort stehen die Kunden immer ein Weilchen, wenn sie deren Pakete bearbeitet oder an die Kunden ausgibt.

Keine zwei Tage später klingelt das Telefon heiß, Mails gehen ein und auch im Laden fragen immer wieder Kunden nach dem neuen Wunscherfüllungsprogramm. Sie schreibt sich alles erst einmal auf und mit zunehmender Anfrageintensität wird ihr ganz übel. Wie soll sie das bewerkstelligen? Sie hatte nur so eine Idee, mehr war es nicht, viele Gedanken hatte sie sich darüber gar nicht gemacht, nicht über das Wie und das Wann und das war wieder mal typisch, wertete sie sich ab.

Dann fiel ihr der Bewerber ein, er kann sowieso die Tür reparieren, die habe ich ganz vergessen in der Aufregung der letzten Tage, obwohl, zu überhören waren die Quietschgeräusche der Ladentür nie.

Sie ruft ihn an.

„Ja, hallo?" erklingt es am anderen Ende.

„Ja, Herr Mutig, guten Tag, gut dass ich Sie gleich erreiche. Ich bräuchte Sie nun doch und ziemlich dringend sogar, wie sich die letzten Tage herausstellte. Können Sie heute oder morgen in den Laden kommen, damit ich Ihnen erkläre, was genau zu machen ist und damit wir die Modalitäten klären können?"

Warten…
„Ja gut, ich könnte in 2 Stunden bei Ihnen sein."

„Super, also bis dann."

Erleichtert und dennoch mit vielen Fragezeichen im Gesicht legte sie auf.

Später betrat er den Laden, wieder stark nach Rauch riechend. Sie drehte sich erst mal weg und holte tief Luft. Er merkte dies und sie entschuldigte sich, sie möge keinen Raucheratem, aber wenn es sich nicht vermeiden ließe, naja, dann würde sie schon klarkommen.

Also begann sie, die Aufgaben zu erklären und sie einigten sich dann auf den Minijob, zunächst 6 Stunden in der Woche, Erhöhung als Option. Er war damit einverstanden, konnte er sich da ja auch noch anderweitig umschauen auf dem Arbeitsmarkt. Ein anderes Angebot hatte er jetzt sowieso nicht und da war es besser als nichts.

„Können Sie eventuell auch gleich anfangen?" fragte sie lächelnd, fast entschuldigend. „Die Tür des Ladens funktioniert nicht mehr richtig und außerdem quietscht sie sehr, wie Sie sicher selbst auch schon bemerkt haben."

„Ja, wenn Sie etwas Werkzeug dahaben?"

„Ja, ich hole es" und ging nach hinten.

Er folgte ihr und sah dabei, dass auch am Wasserhahn Reparaturbedarf bestand.

„Das hier kann ich auch gleich mit reparieren."

„Oh, das wäre sehr schön. Ich mache inzwischen die Formalitäten für die Minijobanmeldung fertig."

„Danke."

Kunden bringen immer neue Pakete, es stapeln sich vor allem die Retouren. Er zeigt lachend drauf.

Sie verdreht die Augen „ja es werden immer mehr Rücksendungen. Aber auch wenn es nicht viel Einnahmen pro Paket gibt, etwas hilft es zum Überleben des kleinen Ladens schon und da es immer mehr wird, ist es eine feste Größe am Umsatz, aber es macht auch viel Arbeit und ist zum Teil auch körperlich anstrengend."

Er geht raus vor die Tür rauchen, während sie hinten im Lager etwas verräumt, und deshalb hat sie es nicht mitbekommen. Fassungslos sieht sie ihn dann draußen stehen. Und noch dazu vor dem Laden! Sie merkt, wie ihre Laune merklich schlechter wird. Sie hat Wut, wie sie das hasst, diesen kalten Raucheratem und jetzt, da er vor der Ladentür raucht. Wie das aussieht, wie peinlich! Sie kocht vor Wut, denn sie kann ihn schlecht jetzt zurückholen.

Sie ist genervt. Aber sie braucht ihn ja auch im Laden, denn es wird immer mehr Arbeit.

Am nächsten Morgen ist es noch ganz still im Laden, als er ihn betritt, und das liegt nicht nur an der reparierten Ladentür. Im Geschäftsraum ist seine Chefin nicht, er geht weiter ins Lager und sieht sie dort sitzen, naja richtigerweise ausgedrückt formuliert eher fläzend, am Tisch, den Kopf massierend.

„Migräneattacke, mir ist total übel, die Medikamente müssten in einer halben Stunde wirken, ich leg mich mal kurz hin, sonst muss ich kotzen, Entschuldigung, mir ist so übel" ruft sie noch, während sie nach hinten in ihre Wohnung rennt. „Könnten sie den Laden übernehmen in der nächsten Stunde erst einmal? Und die Pakete? Danke!", ertönt es noch aus dem hinteren Raum und dann ist Ruhe. Stille. In dem Laden ist dies auch ein seltsames Gefühl, hier war gestern, an seinem ersten Tag, Trubel, auch wenn keine Kunden da sind, dennoch einige Geräusche sind immer. Und da wird ihm bewusst, dass er jetzt schon ganz allein auf sich gestellt ist. Aber ihr ging es ja wirklich mies, das sah man ihr an, auch wenn sie versuchte, es nicht zu zeigen.

Nach einer Stunde kommt sie im wahrsten Sinne an den Möbeln entlanggekrochen, hält sich den Kopf, ihr ganzer Körper ist schlapp, tiefe dunkle Schatten unter den Augen, und dennoch lächelt sie ein wenig, man kann es kaum glauben. Starke Schmerzen und Übelkeit und sie versucht dennoch zu lächeln! Rauchen zu gehen traut er sich heute nicht, aber es funktioniert auch so, ohne dass ihm etwas fehlen würde, merkwürdig, denkt er noch.

In den nächsten Tagen sagt sie ihm, dass er zum Rauchen hinten in den Hof gehen soll und nicht vor den Laden auf die Straße.

„Ja ich habe halt so ein Laster. Aber jeder hat ein Laster, nicht?"

„Ja, und was ist schon normal und was nicht? Was sagt denn ihre Frau, ist sie auch Raucherin?"

„Ich bin allein, aber sie war auch Raucherin, jetzt wohl nicht mehr, denn der Neue ist absoluter Nichtraucher."

„Ich kann den kalten Raucheratem nicht ab, das ist doch normal, aber was ist schon normal?"

Sie diskutieren noch über Normalität, während er die Pakete für den Postfahrer zusammenstellt, sortiert und zusammenträgt, als Kunden hinzukommen und mitdiskutieren.
Um nun, um zum Schluss der Geschichte zu gelangen, sei hier kurz geschildert, wie es weitergeht:

Das neue Wunscherfüllungsangebot des Ladens wird gut angenommen, ihr neuer Mitarbeiter hat gar keine Zeit mehr zum Rauchen und ist unterwegs, um Wünsche der Kunden zu erfüllen. Seine Stundenzahl wird erhöht, er ist nun Angestellter in Teilzeit. Er lernt während Tätigkeit seine neue Frau (eine Kundin) kennen, irgendwann raucht er gar nicht mehr.

Sie sprechen über Krisen und deren Bewältigung, da sie gerade aktuell eine große Rechnung über die Nebenkosten gänzlich unerwartet und für zu hoch, erhält. Sie prüft die Rechnung in Ruhe und diese verringert sich etwas, da fehlerhaft.

Sie liest online Seminare und Bücher über Normalität und Bedürfnisse und Wünsche und Geschenke und spricht mit ihm und auch mit Kunden darüber.

Sprich: der normale Alltagswahnsinn mit Höhen und Tiefen nimmt seinen Lauf...

Na, hast du dich selbst oder ähnliche Begebenheiten aus deinem Leben in der Erzählung wiedererkannt?

Diese Geschichte zeigt, dass im Leben und speziell im Alltag immer wieder neue Wendungen geschehen, die wir so erst einmal nicht sehen und erahnen können. Alles verändert sich, und zwar ständig. Manchmal ist Schein und Sein völlig unterschiedlich, der erste Blick auf eine Sache wird von einem zweiten Blick völlig anders wahrgenommen. Manches ist zunächst schön und wird dann fast unerträglich und einige

Dinge erscheinen zuerst sehr negativ und später sind wir froh und dankbar, dass wir nicht gleich abgelehnt, aufgegeben, sondern eventuell hinterfragt haben. Wir sind doch immer zwischen Wollen und Müssen, zwischen Wünschen und Geschenken, oder? Das Leben ist ein Fluss. Wir können mitschwimmen oder uns gegen den Strom stemmen, letzteres kostet aber sehr viel Kraft. Aber das Mitschwimmen ist nicht immer die Option und erste Wahl. Es ist nicht einfach.

Das Fließen eines Flusses ist stetig. So wie sich Tageszeiten und das Wetter ändern, so wechseln sich auch die Jahreszeiten, stetig und unaufhörlich, ob wir wollen oder nicht. So ist unser Leben. Es ist ständige Veränderung. Einatmen und ausatmen, speisen und Hunger empfinden und wieder essen. Wir müssen uns anpassen, bei kaltem Wetter ziehen wir uns eine warme Jacke an, bei hochsommerlichen Temperaturen können wir in ein Freibad schwimmen gehen, um uns abzukühlen.

So kommen auch traurige und lustige Situationen in unser Leben und bestimmen unseren Alltag. Auch, wenn wir dies nicht wollen, uns nicht wünschen, passieren dennoch schöne und auch weniger schöne Dinge. Es hat (meist) zwei Seiten. Im Guten ist etwas nicht so Positives enthalten und umgekehrt auch.
Manchmal sind wir so sehr festgefahren auf unserem Weg, meinen wir.

Dabei sind wir oft nur in Gedanken festgefahren und sehen die weiteren Möglichkeiten, die wir haben, nicht oder noch nicht.

Den Weg, der uns herausbringen könnte aus der Misere, sehen wir nicht und glauben ganz fest, dass es ihn nicht gibt. Wir reden uns ein, dass es ihn nicht gibt. Aber wenn wir alles oder einzelne Situationen wirklich einmal aus anderer Sichtweise ansehen oder beginnen, umzudenken, also andere Fragen stellen (und ganz ehrlich zu uns selbst sind!), dann gibt es mindestens zwei Wege heraus aus unseren Problemen.

Vom Wollen und Müssen im Alltag

Folgende Szene kennst du sicher aus alltäglichen Begegnungen:

„Hallo, geht es dir gut?"

„Ja, schon."

„Wirklich? Hast du das ehrlich gemeint oder nur so dahingesagt?"

„Ist doch egal, dies spielt doch keine Rolle. Mich fragt doch keiner, ich muss funktionieren. Das Hamsterrad hält nicht an."

„Was wünschst du dir, was könnte das Hamsterrad stoppen?"

(Sarkastisches Lachen…) „Was ich mir wünsche? Das interessiert doch sowieso niemanden. Ich **muss** doch. Wir müssen doch alle, den anderen geht es doch genauso wie mir, denke ich."

„Hast du heute früh aufstehen müssen oder wollen?"

„Wieso, das ist doch egal. Klar muss ich. Ich muss ja arbeiten und muss Geld verdienen."

„Macht dir dein Job Freude?"

„Nein, aber das spielt auch keine Rolle. Das Geld ist dringend notwendig, Miete und und und…"

Oder: „Nein, ich bin arbeitslos. Ich suche schon lange eine Stelle, aber es ist einfach nichts Passendes dabei oder man will mich nicht, ich passe nicht zu der Arbeit / Tätigkeit oder ich passe nicht ins Team, meinen die. Das Geld ist knapp, ich würde gern arbeiten."

Kommen dir diese Sätze bekannt vor? Was empfindest du, wenn du diese Sätze liest? Hast du heute mehr Müssen oder Wollen erlebt? Konntest du heute bereits nach deinen Wünschen handeln?

Wie geht es dir? Ganz gut. Das ist meist die erste Frage und die darauffolgende Antwort, wenn man anderen Menschen begegnet, sei es im Treppenhaus, auf der Straße, im Supermarkt etc.

Jetzt frage ich dich: Wie geht es dir heute so, wie geht es dir im Moment?
Es ist nicht egal, wie es dir geht, wie du dich fühlst.

Also frage dich bitte auch immer wieder selbst: *„Wie geht es mir heute so? Wie geht es mir im Moment so?"*

„Ist ja egal, die Frage spielt keine Rolle, da ich sowieso funktionieren muss. Mich fragt doch keiner. Der Alltag ist wie er ist. Wie es mir geht, ist völlig belanglos. Es muss ja alles so sein. Man kann eh nichts ändern."

Dies sind meist die Antworten. Sind es auch deine Antworten, erkennst du dich wieder?

Fragt auch dich keiner, wie du im Hamsterrad des Alltags klarkommst? Ob du arbeitest oder zu Hause bist, das Rad oder die Stressmühle dreht sich für alle, auch, wenn es unterschiedliche Varianten gibt, zum Beispiel finanzielle Not, die auch Stress bedeutet.

Es geht um Gefühle, denn, wie es mir geht, ist ja so ein Gefühl, oder? Dürfen wir noch Gefühle haben? Als Erwachsene? Ist das nicht unmodern? Wir sind doch im Hamsterrad des Alltages genug ausgelastet, jetzt auch noch „Gefühlsdudelei"?

Aber frage dich, machst du das, was du alltäglich machst, egal, ob du arbeitest oder zu Hause bist, mit Freude?

Du und dein Alltag, das Wort Alltag beschreibt ja schon gut, dass alle Tage gemeint sind und nicht nur die Wochenenden und Feiertage. Es ist dein Leben – der Alltag.

Da darf und muss auch Freude sein und Freude ist ein so schönes Gefühl. Ja, wenn es nur so einfach wäre…

Gefühle, Wünsche und Bedürfnisse

Ich behaupte noch einmal, dass wir im Inneren immer noch Kinder sind. Wir sind die gleichen Wesen, nur groß gewachsen und geprägt durch Erlebnisse und Erfahrungen. Wir sind alle sensibel und mit Gefühl ausgestattet, zur Welt gekommen (außer bestimmte Erkrankungen, welche meine Behauptung relativieren könnten).

Heutzutage, als Erwachsene, finden wir die ganze „Fühlerei" sei unmodern, „ist etwas für Weicheier", solche und ähnliche Sprüche sind uns dann im Kopf.

Aber werde dir dessen bewusst: Spätestens, wenn dein Körper nicht mehr das macht, was du willst und sich Rückenbeschwerden, Knieprobleme, Kopfschmerzen und viele andere Symptome einstellen, ist es ratsam, zu fühlen, was dein Körper braucht. Dein Körper sagt es dir dann durch Schmerzen, denn Schmerzen sind ein Warnsignal, auch von der Seele.
Soweit muss es aber nicht erst kommen. Beachte die Signale deines Körpers! Wenn du Hunger hast und dein Magen knurrt, isst du ja meist auch etwas, um diesen Hunger zu stillen. So bekommst du ein besseres Körpergefühl. Körper, Geist und Seele machen uns als Mensch zu dem, was wir sind. Dazu zählen Gefühle und auch Emotionen.

Deshalb frage ich dich jetzt an dieser Stelle hier: Wie fühlst du dich gerade? Was fühlst du jetzt in diesem Moment? Bist du fröhlich, bist du nervös, traurig, gestresst oder fühlst du dich allein oder „na geht so"? Wie fühlt sich dein Körper an, wie fühlen sich die Beine an usw.?

Du fühlst nichts? Na, nichts geht nicht. Aber mach dir nicht schon wieder Stress „ich muss ja was fühlen, wenn sie in dem Buch so fragt". Dann fühlst du eben nichts.

Aber spüre einmal, wie warm oder kalt es gerade im Zimmer oder draußen ist. Siehst du, du fühlst etwas, und zwar über die Haut, nämlich Kälte oder Wärme, den Wind etc. Erst dann denkst du, „oh es ist kalt heute, ich muss eine Jacke anziehen".

Was als erstes da ist, das Gefühl oder der Gedanke, darüber lässt sich diskutieren, dies nur am Rande.

Also, du fühlst etwas, und wenn es auch nur kalt oder warm, äußerlich über die Haut wahrgenommen, ist.
Wie fühlst du dich nun im Inneren? Ist da ein Wohlbehagen? Bist du traurig? Freust du dich sehr über etwas? Nichts, nix? Aber irgendetwas ist immer. Irgendein Gefühl ist immer da, wir bekommen es im Allgemeinen nicht so mit und hier liegt auch die Gefahr. Denn während wir im Hamsterrad so rennen, ja sogar vor uns selbst wegrennen, schlummert das Gefühl etwas tiefer versteckt in uns. Gefühle werden unterdrückt oder heruntergespielt. Wir müssen ja funktionieren, denken wir.

„Ja, ich bin traurig, aber das ist keine große Sache. Ich bin gestresst, aber das sind wir alle. Ich bin nervös, aber ich soll mich nicht so haben. Ich soll nicht so empfindlich sein und das nicht so hochspielen."

Wer sagt das zu dir? Du selbst, deine innere Stimme? Ist es deine innere Stimme, die das schon verinnerlicht hat, was von außen ständig gesagt wird, vielleicht sogar schon seit deiner Kindheit? Sind es andere – wie Kollegen, Freunde, Partner?

Wir alle sind sensibel. Keiner will verletzt werden, jeder fühlt etwas. Oft sind viele Gefühle und Emotionen gleichzeitig da, der Mensch ist komplex und wir haben zigtausende Gedanken in der Minute, ja sogar in der Sekunde, zu verarbeiten. Jeder, der verletzt und gedemütigt wurde, baut eine Mauer zum Schutz um sich, die oft schon als Kind fundamentiert wurde.

Glaube mir, denn ich habe es selbst schon erlebt, dass die, die am stärksten von „immer diese Gefühlsdudelei" und „das sind doch Weicheier" nach außen posaunen, innen ganz sensibel sind. Wenn du sie allein triffst, sind sie dir gegenüber offen, aber in der Gruppe spielen sie die starke Rolle. Allein zu Hause in ihrem stillen Kämmerlein weinen auch diese Menschen, so groß kann die Verletzung sein. Oder man erlaubt sich nicht einmal, zu weinen, selbst wenn man allein zu Hause ist.

Wie absurd sind wir Menschen nur, denn für die Verletzung und Demütigung, die uns zugefügt wurde, haben wir selbst keine Schuld. Dabei wäre es so wichtig, auch zu heulen, es kann den Schmerz der Vergangenheit lösen.

Manchmal hilft heulen, wenn es bei dir so ist, dann heule. Nach dem Heulen sieht man vieles klarer und es geht einem meistens besser. Und: auch Männer dürfen heulen. Ich sage hier Heulen statt Weinen, denn weinen will wieder keiner hören (das erinnert dann wieder an Weichei), obwohl wir alle Weicheier sind, denn wir sind alle, mit Gefühl ausgestattet, auf die Welt gekommen.

Haben wir verlernt, Gefühle haben zu dürfen?
Warum sind wir Menschen so. Was machen wir uns selbst vor?

Wissen wir, was wir eigentlich sind und was wir brauchen, was wir wollen und uns von Herzen wünschen?

Bedürfnisse

Hast du heute schon mehr „Sollen" und „Müssen" erlebt oder mehr „Dürfen", „Können und Wollen"? Sei ehrlich! Sei ehrlich zu dir selbst. Oder hast du auch deine Bedürfnisse wieder klein geredet, wie „ach, die sind nicht so wichtig"?
Sollen und müssen – was uns von außen gesagt wird, wie wir sein sollen, beispielsweise „uns nicht so haben" ist das Eine.
Das andere Sollen und Müssen ist im Tun und Handeln, „man muss zur Schule gehen, man muss zur Arbeit fahren, muss und soll dies und das tun oder machen".
Was sind deine Bedürfnisse, was sind deine Werte, was ist dir wichtig?

Was ist im Moment der Bedarf deines Körpers, deiner Seele? Wenn du zum Beispiel müde bist, dann ruhe dich aus. Dein Körper zeigt es dir, er ist klug und macht dies nicht ohne Grund. Hast du Hunger, dann isst du etwas, ist dir kalt, dann ziehst du dir etwas mehr an. Es gibt Grundbedürfnisse und dann gibt es auch andere Bedürfnisse, aber es sind deine eigenen. Es sind auch Wünsche, deren Erfüllung ebenso wichtig ist. Es hängt auch mit deinen Werten zusammen, was du dir wünschst und was du benötigst, um ein zufriedenes Leben zu führen. Auf Dauer unzufrieden zu sein, macht einen verbitterten Menschen aus einem.

„Ja, ich möchte so gern..., aber..." (und da kommt es), unsere aufgezählten Gründe, warum dies und das nicht geht, nicht funktioniert usw., sind unendlich.

Damit bist du nicht allein.

Aber warum machst du eigentlich nicht das, was du dir von Herzen (seit langem evtl. schon) wünschst? Was steht dem entgegen? Das Leben rast, glaube mir, ich bin ja schon „Ü50" und rückblickend frage ich mich, wo die Jahre hin sind. Im Alter von 20 Jahren lacht man noch darüber. Wenn jemand sagt, wie schnell die Kinder groß werden, winkt man ab und belächelt auch das. Und plötzlich ist man 40, 50 oder älter.

Es geht mir hier nicht um die Selbstfindung und Selbstverwirklichung und Selbstoptimierung!

Es geht nur um die einfachsten Herzenswünsche, die so oft auf der Strecke bleiben. Ich möchte so gern…

Was möchtest du am liebsten? Denk darüber nach und dann los, mache es! Mache es jetzt oder beginne es jetzt, bereite es wenigstens vor und plane, wenn es größere Sachen sind.

Du kannst es nicht, weil…

… es andere als „blöden Traum, Tagträumerei" usw. beschreiben würden, wenn sie auch nur deinen Wunsch je erfahren und wenn du es verwirklichst, dich als „Spinner/in" abwerten?

Was sind generell deine Bedürfnisse?

Werde dir dessen bewusst.

Ah, bewusst werden, tolles Wort. Schon wieder dieses Bewusstwerden. Langsam nervt das.
Aber gehen wir noch einmal zum Anfang zurück, zum geboren werden. Wir sind zwar anwesend, aber wir sind uns selbst nicht bewusst und das, was uns umgibt, wo Grenzen sind usw., ist uns unbekannt.

Als Kinder entwickeln wir dies erst nach und nach. Kinder haben feine Antennen. Als Kinder nehmen wir alles um uns auf und wenn wir getadelt werden, sind wir verletzt und wenn es nach unserem Empfinden ungerecht ist, getadelt zu werden, entwickeln wir Wut. Wenn wir, wenn unser Dasein, ignoriert werden, entwickeln wir kein gutes Selbstwertgefühl. Wenn Angst ständig vorgelebt wird oder wir bedroht werden, entwickeln wir Angst schnell bis zur „Überangst". Das alles erscheint erst einmal logisch.

Die Wiederholungen dieser Erfahrungen im Kindesalter, machen erst das Problem.

Als kleine Kinder sind wir hilflose Wesen und völlig den um uns lebenden Menschen ausgesetzt. Wir haben keine Wahl, auch in Bezug auf Bedürfniserfüllung. Es wurde uns vielleicht als Kind gesagt, wir seien zu anspruchsvoll, es ist nicht genug Geld da, was wir immer wollen, lieb sind wir ja auch nicht usw. Also spielen wir unsere Bedürfnisse herunter, machen sie klein, um nicht maßlos zu erscheinen.

Erst als Erwachsene haben wir eine Wahl, auch wenn wir stark, sehr stark sogar, eine Prägung aus dem Kindesalter mit uns herumtragen. Was 14 Jahre „eingetrichtert" wurde, kann nicht mal eben in 2 Jahren verschwinden.

Eine 60jährige Frau sagte einmal zu mir „ich bin eben so erzogen worden".

Wie lange ist deine „Kinderstube" schon her? Die Prägung aus der Zeit ist enorm. Leider sind dabei auch viele negative Prägungen geblieben.

Aber zurück zu deinen Bedürfnissen. Du hast Bedürfnisse. Die mindesten dürften sein: im Frieden leben, ein Dach über dem Kopf, Kleidung, satt zu essen und zu trinken.
Wenn du kämpfst, kannst du, zumindest bei uns in Deutschland, das alles haben. Wie gesagt, manchmal musst du auch dafür kämpfen und dich kümmern, aber du kannst es haben, ist meine Meinung und meine Erfahrung. Denn ich weiß, wovon ich spreche, wenn es sich „um die Wohnung kämpfen" handelt und auch ich habe das Arbeitsamt von innen gesehen.

Was sind deine weiteren Bedürfnisse? Was brauchst du zwingend, um zufrieden zu sein?
Sind es das große Auto nur für dich allein, ein Schloss oder eine Villa, ein Boot, ein Zweitwagen?
Oder reicht dir ein minimalistisch ausgestattetes Leben? Was ist dein Mindestbedarf und was wäre als Traumverwirklichung schön?
Keiner, auch wirklich keiner, hat das Recht, dir zu sagen, was richtig oder falsch ist. Das ist meine Meinung. Aber ich möchte

auch hier nochmals betonen, dass dies immer nur in dem Maße erlaubt ist, wo niemandem Schaden zugefügt wird durch dein Denken und Handeln.

Was sind die Gegebenheiten in deinem Leben? Was kannst du tun, um deine Bedürfnisbefriedigung zu erreichen? Mit welchem Aufwand, welchen Kosten und ist es das dann noch wert, wenn z. B. deine Gesundheit unter Stress leidet. Ist es wert, 60 Stunden zu arbeiten und dann irgendwann zu erkranken? Motto dabei „Ach, das wird mein Körper schon aushalten…"?
Bist du dir dessen selbst bewusst? Jetzt, da du erwachsen bist? Was möchtest du, weißt du das?
Wie wirken deine kindlichen Prägungen jetzt (noch). Willst du oder wolltest du z. B. studieren und Arzt werden, nur weil es deine Eltern sich so wünsch(t)en von dir? Sie woll(t)en nur das Beste für dich? Ist es das wirklich? Woll(t)en sie nur ihre eigenen Ansprüche erfüllen, haben sie ihre Träume nicht verwirklicht in ihrem Leben und denken, dass das jetzt gut für dich wäre?

Durch Bedürfniserfüllung schaffst du Selbstzufriedenheit, ganz einfach, indem du dir überlegst, was du am liebsten machen würdest. Achte hierbei nur nicht auf das, was andere sagen oder denken. Nur du, was du gern machen möchtest, zählt, Beispiel Arbeit: kannst oder konntest du den Wunschberuf erlernen mit deinen Möglichkeiten oder als Hobby usw.? Spiel es träumerisch durch. Ja, hier darf sich dein inneres Kind mal austoben und wieder träumen. Wer sagt, dass das falsch ist, wer behauptet das und warum muss dies richtig sein, was andere sagen?

Es gibt kein richtig oder falsch (außer wenn andere Schaden nehmen dadurch!).

Der Perfektionsdruck von außen und der, den wir uns selbst auferlegen, hindert uns.

Du kannst es aber selbst entscheiden, und, wenn dein Wunschberuf sich später für dich als nicht mehr passend erweist, dann kannst du natürlich neu überlegen mit deinen inzwischen gemachten Erfahrungen und Möglichkeiten.

Das hohe C ist es, wenn du es schaffst, deine Körperreaktionen (Intuition) zu erspüren. Das ist gar nicht so schwer, denn, wenn du frierst, spürst du es auch, oder? Aber auch intuitiv habe ich zum Beispiel manchmal gar keine Informationen von meinem Körper, wenn ich sie brauche. Das ist ganz unterschiedlich. Ich übe hier noch. Leicht kannst du es trainieren, indem du wahre und falsche Aussagen mal testest und spürst, welche Körperreaktionen sich dann zeigen.

Welche deiner Bedürfnisse ignorierst du selbst und warum und welche sind zu kurz gekommen?

Werden Bedürfnisse immer wieder unter den Teppich gekehrt, kann sich auch daraus eine Wut entwickeln. Neid auf andere, die dies und jenes geschafft haben, die eine vermeintlich bessere Figur haben oder oder oder sind ebenfalls Anzeichen dafür.

Deshalb ist es so wichtig, sich selbst bewusst zu werden, welche Fähigkeiten habe ich, welche Bedürfnisse, wie gehe ich mit Gefühlen um und welche Gedanken sind in mir.

Ah, mir meiner bewusst sein. Ist dies das Selbstbewusstsein? Deutlicher wird es, wenn ich es so schreibe: sich-Selbst-bewusst-sein.

Das Gefühl, nicht angenommen zu sein, nicht geliebt zu werden und Schuld zu haben, kann schwer auf der Seele lasten. Wir bauen Blockaden und Schutzmauern bereits in der Kindheit für eine Art Daseinsberechtigung und als Überlebensplan und erlauben uns nicht einmal mehr zu fühlen, weil es weh tun kann.

Du und dein Selbstwert

Selbstwertgefühl: Brauche ich das oder alles nur Gerede?

Jeder Mensch freut sich, wenn er etwas geschafft hat, ein Ziel erreicht und wenn er bejubelt wird, nicht nur Künstler und Sportler, auch wir als kleine „Hanseln".

„Bejubele dich selbst", wird neuerdings oft geraten, „finde dich selbst und dein Potenzial", „Selbstverwirklichung" und „Selbstoptimierung" sind Begriffe der jüngsten Zeit.

Wir wollen es nicht übertreiben und ganz langsam anschauen, was dahintersteckt.

„Ich soll mich selbst bejubeln?"

„Wofür?", fragst du dich.

„Und ist das nicht egoistisch, selbstherrlich oder arrogant?".

„Nein, das mache ich nicht".

Wofür sollst du dich denn selbst bejubeln? Na, erst einmal, dass du auf der Welt bist. Du bist so, wie du bist, schon mal nicht schlecht. Du leistest auch etwas, für dich und für alle Mitmenschen, auch die kleinen Dinge sind wichtig.

„Was leiste ich denn", überlegst du im stillen Kämmerlein so vor dich hin.

Uns fällt es so schwer, uns selbst vernünftig und realistisch einzuschätzen.

Warum ist dies so? Oft merken wir nicht einmal, wie schlecht wir über uns selbst denken, denn wir finden ja nichts, wofür wir uns bejubeln können.

Wir sind oft zu hart mit uns selbst und dadurch auch zu anderen, ohne dies überhaupt festzustellen.

Stammt dies aus den harten Kriegs- und Nachkriegsjahren unserer Eltern und Großeltern, die uns ihre Sichtweise weitergegeben haben, wie „hab dich nicht so", „Augen zu und durch" oder „Indianer kennen keinen Schmerz"?

Heute ist ja eine ganz andere Zeit mit anderen und neuen Herausforderungen.

Es gibt ständig neue technische Entwicklungen, die wie immer Fluch und Segen zugleich sein können, wenn wir sie nicht maßvoll anwenden und dann wegen Überforderung (unbemerkt und schleichend) kollabieren.

Immer mit der innerlichen Härte von damals rennen wir durch die neue Zeit. Alles und ohne unsere Gedanken zu prüfen. Ist das der Grund für fehlende realistische Selbsteinschätzung?

Wir sind uns selbst nicht bewusst über uns und unser Verhalten. Fehlt uns das Selbst-bewusst-sein oder was ist es? Ich habe es absichtlich so geschrieben, um damit etwas deutlich zu machen.

Echtes Selbstwertgefühl kommt von unserem Herzen. Selbstüberschätzung vom (verletzten) Ego, welches die seelischen Verletzungen nicht verarbeitet hat.

Dies wird oft verwechselt.

Aber der Reihe nach…

Wenn du das Wort Selbstwertgefühl liest, erahnst du fast schon, was es bedeutet.

Selbst und Wert und das Gefühl.

Du gibst dir selbst einen Wert. Du bist selbst etwas wert.

Und das ist so wichtig. Sage dies am besten jeden Morgen in dein Spiegelbild bzw. zu dir selbst:

Ich bin wertvoll, so wie ich bin. Hier möchte ich betonen, dass es wichtig ist, anderen nicht zu schaden. Dann bist du gut so, wie du bist.

Ich muss mich nicht verbiegen, wie es andere von mir wollen. Ich habe einen Wert und kann meine Werte leben, so wie jeder andere auch seine Werte leben kann.

Gutes Selbstwertgefühl zu haben ist eigentlich Problemlöser Nr. 1 von vielen Problemen im Alltag, aber auch „Problemschaffer", wenn du dieses gute Selbstwertgefühl eben nicht hast.

Wenn du dir selbst sagst, dass du gut und vollkommen bist, ist das wie eine sichere Bank und wie ein sicheres Haus, von dem aus du fast alle Widrigkeiten und Probleme lösen kannst.

Wenn du eine Arbeit gut verrichtest, kannst du es gut bewerten. Bei Nichtgelingen machst du es nächstes Mal einfach besser, planst besser, probierst die Möglichkeiten, testest und gibst dir bei der Ausführung etwas mehr Mühe.

Es ist kein Scheitern. Es gibt keinen perfekten Weg, keine perfekte Lösung. Niemand ist perfekt.

„Ich habe so viel Tolles schon geschafft im Leben, warum ziehe ich mich selbst immer wieder runter, manchmal merke ich es selbst gar nicht, es läuft automatisch in meinem Inneren ab."

Diese Worte kommen dir bestimmt bekannt vor.

Du wertest deine eigenen Leistungen noch selbst ab, ganz im Inneren, oft unbemerkt.

Wenn du selbst schon hohe Qualitätsansprüche hast, weil du dich auf einem Gebiet gut auskennst und arbeitest hart daran, erwartest du auch von anderen Menschen eine gute Rückmeldung.

Wenn dann andere kommen, die dich auf diesem Gebiet nicht einschätzen können, und reden dich klein, frustriert dich das.

Selbst wenn welche, die sich da auskennen, aber andere Ansprüche haben, dich abwerten, dann zieht dich das auch runter.

Bei wenig Selbstwertgefühl wird es dann zum Schaden für dich.

Wenn du dann noch über deine Leistungsgrenzen hinweg immer tausend Prozent geben willst, z. B. in der Arbeit, in der Familie, bei Freunden und Bekannten, und nicht genug Anerkennung zurück kommt zu dir, wirst du müde, unzufrieden, teilweise macht sich eine Sinnlosigkeit breit, traurig bist du und irgendwann krank.

Und deine Abwärtsspirale verstärkt sich mit Erkrankung dann auch noch, weil du dir außerdem noch nutzlos vorkommst, obwohl du dich so abkämpfst. Sieht denn niemand, was du leistest?

Es kommen psychosomatische Symptome, am Anfang relativ harmlos, wenn sie ignoriert werden, verstärken sie sich, bei mir war es Migräne und Erschöpfung bis zum Burnout.

Durch diese Symptome zeigt dir dein Körper, dass es so nicht mehr geht, die Seele schickt teilweise auch den Körper vor, denn die Symptome (Magen-Darmprobleme, wie Durchfall oder Rückenschmerzen und Knieprobleme, die zu Unbeweglichkeit und Unmöglichkeit der Fortbewegung führen können), kannst auch du dann nicht mehr ignorieren.

Viele Ärzte erkennen das noch immer nicht. *„Sie wollen ja nicht, reißen Sie sich mal zusammen!"* kommt dann als Spruch.

Körper, Geist und Seele gehören nun mal zusammen, ist meine Meinung, ohne jetzt spirituell sein zu wollen. Es ist einfach so. Körper und Seele und Geist können sich wechselseitig beeinflussen.

Ein entspannter Körper wirkt beruhigend auf dein seelisches Wohlbefinden und umgekehrt. Mit deinem Geist, also deinem Denken, kannst du deinen Körper zur Ruhe bringen.

Wenn deine Seele Schmerzen hat, so musst du das genau so ernst nehmen, als wenn du Durchfall hast, denn da bist du gezwungen, was zu unternehmen und kannst z. B. nicht nach draußen gehen.

Ich habe mit Absicht dieses Darmproblem ausgewählt, damit du anhand dieses krassen Beispiels erkennst, wie man sich auf körperliche Sachen konzentriert, aber die seelische Gesundheit wird oft als nicht so wichtig erachtet, selbst wenn dort Symptome auftreten können.

Seelische Schmerzen äußern sich ja gerade auch oft durch körperliche Symptome. Sieh, wenn du aufgeregt bist, grummelt es im Bauch, da haben wir den Beweis.

Krank werden will niemand und soweit muss es nicht erst kommen, stimmts?

Selbstwertgefühl ist das A und O. Das ist die Basis deines Lebens, denn das bist du selbst und wie du dich siehst im Leben.

Deswegen: Du bist gut so, wie du bist.

In einer Partnerschaft, wenn es richtige Liebe ist, hilft sie dir auch, gutes Selbstwertgefühl zu entwickeln und zu haben. Der **richtige** Partner im Leben will, dass es einem gut geht.

Man kann auch wachsen aneinander, wenn man ehrlich zueinander ist, aber das Selbstwertgefühl darf auf Dauer nicht durch den anderen Partner verletzt werden. Dann stimmt etwas nicht mit eurer Beziehung.

Viele tragen aus der Kindheit Verletzungen in sich, zum Teil völlig unbewusst.

In der Kindheit hast du vielleicht nicht die volle Aufmerksamkeit bekommen und damit fehlte und fehlt noch immer deine Daseinsberechtigung, Liebe wurde mit Leistungen verknüpft, von deinen Eltern, Verwandten oder Lehrern und du hast dort eventuell auch (manchmal ungerechte) Abwertung erfahren müssen.

Kinder haben feine Antennen und beziehen alles auf sich (auch negatives und haben dabei ein Gefühl der Ablehnung und Schuldgefühle).

Aber: auch Eltern, Lehrer und weitere Bezugspersonen haben dich nicht immer mit Absicht abgewertet.

Sie hatten und haben ihre eigenen Probleme (und noch nicht bearbeitet), deine Eltern hatten vielleicht auch wenig Zeit für dich, da sie arbeiten mussten und andere Geschwister zu versorgen waren usw.

Und: sie haben es nicht besser gewusst. Heute weiß man eigentlich mehr darüber, wie wichtig es ist, den Kindern direkte Aufmerksamkeit zu schenken und unseren Kindern, Enkeln, Urenkeln usw. ein gesundes Selbstwertgefühl mitzugeben. Leider ist es im Alltag noch nicht immer angekommen, dies anzuwenden.

Auch ich habe schon in meiner eigenen Kindheit und danach noch gekämpft für Freude und Liebe, hab mich verbogen, um geliebt und gemocht zu werden. Dieses Muster gilt es abzuändern.

Ich muss nicht um die Liebe und Zuwendung anderer Menschen betteln, auch du nicht. Werde dir dessen bewusst. Jetzt bist du erwachsen und kannst selbst aufwerten, was gefehlt hat.

Es ist ein langer Prozess. Bei mir ist selbst heute mit Ü 50 noch dieses alte, gewohnte Kindheitsmuster im Denken.

Manchmal bin ich auch traurig, warum ich es erst jetzt mitbekomme, anders handeln kann und gaaannz langsam Änderungen positiv bemerke.

Aber es ist erst in den letzten Jahren mehr bewusst bekannt geworden, was es mit diesem Denkmuster aus der Kindheit auf sich hat. Aber was sich über Jahre und Jahrzehnte tief eingepflanzt hat, kann man nicht von heute auf morgen ändern.

Daher: Du bist gut, so wie du bist. Sage es dir immer wieder!

Keiner kann sich ein (Vor-)Urteil über dich erlauben. Niemand kennt dich so gut wie du dich selbst kennst in all den Jahren und auch das manchmal noch nicht, oft verstehen wir uns selbst nicht. Mir geht es oft noch so, dir und sicher anderen auch.

Also keiner kann dich richtig einschätzen. Niemand lebt dein Leben, erlebte deine eigene spezielle Geschichte, hat deine Erfahrung gemacht usw.

Umgedreht ist es auch so, du kannst andere auch nicht (vor)verurteilen.

Du bist gut, so wie du bist. Der andere ist es auch.

„Ja, aber", wirst du sagen, *„da sind noch Schwächen, die ich selbst an mir nicht mag."*

Das Annehmen der vermeintlichen Schwächen, eine heikle Sache. Aber: sage es dir immer wieder, auch meine Schwächen gehören zu mir. Andere haben wieder andere Schwächen.

Na und.

Schwächen können Stärken sein. Wer sagt, was richtig oder falsch ist, keiner darf das, denn jeder ist anders als der andere Mensch!

Das ist nicht leicht, aber trainiere es, jeden Tag. Es gibt keine Vollkommenheit.

Sieh dich in der Natur um, kein perfekter Baum, keine perfekte Pflanze usw.

Wir Menschen sind auch Natur. Keiner ist perfekt.

Hinterfrage deine Gedanken, vor allem, spüre auf, ob es schlechte Gedanken sind, die du über dich selbst hast. Prüfe, ob diese wahr sind und ob diese wichtig sind.

So frage dich zum Beispiel, wenn du dich zu dick findest oder nicht schön genug, warum denkst du so und woher kommt die Annahme, zu dick oder nicht schön zu sein, evtl. nur aus der Werbung mit schönen schlanken Menschen?

Alles ist nur relativ. Es gibt (fast) immer zwei Seiten. Du bist gut so, wie du bist. Punkt.

Mit gutem Selbstwertgefühl bist du nicht so leicht angreifbar. Das erkennt der andere an deiner aufrechten Körperhaltung und dann traut man sich nicht, dich anzugreifen, verbal - also mit Worten - und auch körperlich. Mobbing passiert einem Menschen häufiger durch fehlendes Selbstwertgefühl.

Meist ist der Mobber (auch ohne gutes Selbstwertgefühl) selbst Opfer von Mobbing gewesen, zum Beispiel in der Kindheit, im Elternhaus, hat er Demütigungen erfahren, diese nicht verarbeiten können und gibt das nun weiter an andere, tritt sozusagen den Schwächeren. An starke (innerlich in sich ruhende, selbstbewusste) Menschen traut er sich nicht heran. Selbst-bewusst, ich habe es hier absichtlich mit Strich versehen, bedeutet, dass man sich seiner selbst bewusst ist.

Ähnlich wie beim Selbstwert, das ist der Wert, den du dir gibst, so musst du dir dessen auch bewusst sein (das ist dann das Selbstbewusstsein). Wenn man über sich selbst weiß, was man an sich hat und was man leistet, ist alles einfach. Doch oft ist dies in Momenten oder zeitweise nicht vorhanden. Wir sind nicht zu jeder Zeit „gut drauf".

Ein schwacher Moment genügt, der Mobber hat vermeintlich freie Bahn. In schwachen Momenten ist unsere dünne Schutzhülle offen für Angreifer und Verletzungen.

Das gilt es zu verhindern, indem wir es schaffen, in uns selbst zu ruhen und dies signalisiert nach außen Stärke.

Wir dürfen hier jedoch keine neuen Schutzmauern bauen, sondern in uns selbst ruhen lernen durch Auffüllen unserer realistischen und guten Gedanken über uns selbst.

Auch wenn jemand stark verletzt oder gedemütigt wurde von Menschen, denen wir, beispielsweise in der Kindheit sehr vertrauen und als Kinder abhängig sind von diesen Menschen, haben wir als Erwachsene sowieso, immer, die Wahl, wie wir mit Verletzung umgehen und was wir daraus machen.

Wenn du dem Mobber ganz allein auf der Straße begegnen würdest, ist er dir gegenüber meist zwar nicht der freundlichste, aber neutral.

Leider sind viele Krankschreibungen heutzutage auf Mobbing am Arbeitsplatz und schlechtem Team-Umgang zurückzuführen. Gemeinsame Aktionen wie „hey, wir sind heute ein tolles Team, machen etwas zusammen" und dann ist im Team alles scheinbar gut, reichen leider nicht.

Die einfache und tägliche(!) Achtung der Mitmenschen ist wichtiger und hilfreicher.

Aber warum kämpfen wir gegeneinander schon am Arbeitsplatz, warum in der Schule (aber da sind wir noch Kinder und das klammere ich jetzt hier aus).

Als Erwachsene müssen wir uns fragen:

Haben wir keine anderen Probleme, als uns ständig zu vergleichen und zu bewerten und zu bekämpfen?

Nein, scheinbar geht es uns zu gut, oder?
Andere hungern auf dieser Welt, kämpfen jeden Tag ums nackte Überleben. Und was machen wir? Wir bekriegen uns am Arbeitsplatz, unserer Existenzgrundlage! Warum sind wir Menschen so absurd?

Wir müssen gar nicht so weit in die Welt schauen. Auch um uns herum gibt es schwer kranke Menschen, die froh wären, wenn sie ohne Schmerzen mal an die frische Luft raus könnten.

Wir vergessen dies alles so leicht. Wir bekommen es ja immer präsentiert durch die Werbung, wie wir sein sollen. Aber auch hier haben wir die Wahl, was wir uns ansehen, hören und was wir glauben.

Bleibe deshalb immer ganz bei dir, achte deine Gefühle und Gedanken.
Wenn du andere Menschen siehst, du kennst nicht ihre Geschichte, ihren Werdegang und kannst sie nicht beurteilen, nicht bewerten und nicht abwerten. Umgedreht können die anderen dich nicht bewerten!

Auch dich sollst du nicht immer beurteilen, bewerten und abwerten! Du bist gut, so wie du bist. Aber schade niemandem. Nur dann bist du gut, wie du bist!

Sind wir uns selbst nicht bewusst?

(Klingt etwas hochtrabend, was?)

Unsere besonderen und unterschiedlichen Fähigkeiten,

ein Geschenk für uns alle

Wir alle werden mit bestimmten Fähigkeiten geboren. Ich denke hier an die Fähigkeiten, die unser Körper, natürlich in steter kooperativer Zusammenarbeit mit Geist und Seele, besitzt.

Jeder verfügt über Fähigkeiten und jeder wird gebraucht, auch du!

Nicht nur Mathematikasse oder Lehrer, nein, auch Müllfahrer, Sänger, Arbeitslose, Reinigungskräfte, Behinderte, Ärzte, Polizisten, Feuerwehrleute, Obdachlose, Pflegepersonal und die Liste ist endlos, haben jeweilige eigene Fähigkeiten und auch Talente. Ich habe die Aufzählung durcheinander gewürfelt, um keine Wertigkeit einzubringen. Wir brauchen dich als Einzelnen mit deinen Fähigkeiten und wir erfreuen uns an verschiedenen Talenten, Menschen, die uns zum Beispiel mit Musik, Malerei oder Sport begeistern. Du hast, wie jeder andere Mensch auch, ebenso Talente.

Ich brauche andere Menschen, denn ich lebe nicht auf einer Insel mit Selbstversorgung. Von jeher haben die Menschen auch nur in der „Sippe" überlebt, aber das nur am Rande und darum geht es mir jetzt nicht, vielmehr um die Fähigkeiten eines jeden Einzelnen.

Du bist gut, so wie du bist, behaupte ich jetzt einfach so. Auch durch dein Handeln und deine Leistungen, wenn du anderen damit nicht schadest, bist du gut. Selbst wenn ich keine große Durchsetzungskraft habe und mir nicht immer viel gelingt im Alltag (jeder Tag ist anders, jeder Moment ist anders), so zählen auch die kleinen Dinge. Misserfolge haben ebenso ihren Wert, denn das Lernvermögen daraus ist wichtig. Der Schein nach außen trügt oft, man muss hinter die Fassade schauen. Selbst große Erfolge haben ihre Schattenseiten. Alles oder fast alles im Leben hat zwei Seiten.

Wer andere bewertet und abwertet, macht das mit sich selbst auch und es geht einem dabei nicht gut. Überlege einmal, warum du es mit dir machst. **Warum wertest du dich ab**, das ist die Frage aller Fragen. Danach frage ich mich, warum ich andere be- oder abwerte. Ich kenne den anderen nicht, vielleicht kämpft er gerade mit einer schweren Krankheit oder einem Verlust und du schätzt ihn völlig falsch ein, deute seine Ausstrahlung oder seine Wortwahl falsch?

Ein Moment als solches ist friedlich und neutral. Wir selbst sind neutral, nur machen wir es durch Bewertung kompliziert.

Aber nur einreden *„ich bin gut"* und *„ich muss positiv denken"*, reicht nicht. Ist vielleicht meine Daseinsberechtigung in Schieflage geraten? Diese wird in der Kindheit aufgebaut/angelegt.

Du bist gut, wie du bist gut! Punkt. Bist du dir dessen bewusst? *„Nein"*, lautet meist die Antwort.

„Warum nicht, was magst du denn nicht an dir? Weshalb findest du dich nicht wertvoll? Andersherum: was magst du an dir? Nichts?"

Das stimmt nicht, hundertprozentig nicht.

„Du findest im Moment nichts? Warum?"

Dann frage dich jetzt hier an dieser Stelle: was magst du im Leben? Ein Eis? Schokolade? Ja? Treffer. Gut.

Jetzt musst du bestimmt lachen oder verdrehst die Augen.

Wenn du dann also Schokolade oder Eis isst, dann freust du dich, lächelst, stimmts?

Das war gerade eine kleine Ablenkung für das Gehirn. Also nochmal, was magst du an dir? Na wenigstens, dass du lachst, wenn du Schokolade isst. Du kannst lachen und sicher siehst du dabei soooo sympathisch aus. Jeder Mensch ist friedlich und schön, wenn er lacht. Also hast du mindestens eine Eigenschaft. Ich bewerte diese Eigenschaft aber nicht, teile sie nicht in „gut" oder „schlecht" ein, sie ist zunächst neutral.

Dein Gehirn aber ist zu sehr im Negativmodus gefangen und gibt dir keine anderen Antworten momentan.

Dann gehe es mal langsam an. Leg dir Zettel und Stift hin und überlege den Tag über, was du an dir gut findest. Einfach so.

Sehen wir uns hier auch einmal in der Natur um: ein schief gewachsener Baum erfüllt seinen Nutzen wie alle anderen Bäume. Er spendet Schatten, nimmt Kohlendioxid auf und gibt Sauerstoff ab und erfreut uns mit seinem Grün, genauso wie ein nicht schief gewachsener Baum. Außerdem gilt es auch hier zu klären, wer denn sagt, was ist schief und was gerade, was ist richtig oder falsch?

Auch jeder Mensch hat Besonderheiten an sich, jeder Mensch hat schöne und weniger schöne Merkmale (Äußerlichkeiten und Charakter), es sind zwei Seiten der Medaille.

Warum fällt es den Menschen so schwer, das zu akzeptieren? Warum müssen wir uns und andere Menschen im Alltag ständig bewerten und oft abwerten? Wir merken das nicht einmal, wie gesagt.

Mir fiel das gestern wieder einmal bei mir selbst auf, ich fühlte mich unwohl. Ich war unterwegs, es war beim Einkaufen. Der Grund für mein „Unwohlgefühl" war, wie sich später herausstellte, dass ich mich unbemerkt selbst schlecht bewertet hatte. Zu diesem Ergebnis kam ich, nachdem ich in Ruhe meine Gedanken hinterfragt habe und dabei ist es mir dann bewusst geworden, wie ich mich abwertete. Dies geschah scheinbar im unbewussten automatisch. Durch diese Überlegungen und Feststellungen kam es dann in das Bewusstsein, es ist mir also danach bewusst geworden.

Das menschliche Gehirn ist bis ins hohe Alter änderungsfähig und somit auch die Denkweisen. Schubladendenken, Vorurteile, Bewertung, Abwertung (auch sich selbst, ohne dass man es merkt) sind nur einige Beispiele für negatives Denken. Aber man kann nicht immer in positives und negatives einteilen, oft verfließen diese auch. „Halt einfach mal die Klappe, du innerer Kritiker!" Das möchte ich mir immer öfter sagen, nehme ich mir vor! Manchmal ist man von seiner eigenen Denkweise absolut überzeugt. Manchmal ist man stur und beharrt auf seiner Meinung. Doch das bringt uns im Zusammenleben und im Alltag nicht weiter. Diplomatie und aufrichtige Kommunikation mit anderen Menschen sind so wichtig im alltäglichen Leben.

Wer sagt, was richtig oder falsch ist? Wer sagt, dass ich und du immer richtig denken müssen?

Keiner.

Jeder Mensch ist wertvoll, jeder Mensch ist anders, es gibt keine völlig übereinstimmenden Zwillingsmenschen.

Es gibt keine Norm, wie ein Mensch zu sein hat und wie nicht, nur anderen Menschen schaden, das darf man natürlich nicht. Die Werbung will uns zwar oft zeigen, wie alles so zu sein hat, aber jeder Mensch hat auch hier die freie Wahl, zu entscheiden, was er braucht und was nicht, wie er sein will und wie nicht.

Das Hinterfragen der eigenen Denkweise ist wichtig. Manche älteren Menschen kommen irgendwann zu der Ansicht (Einsicht?), dass das, was sie vor 10 – 20 Jahren behaupteten, nicht wahr sein kann und bereuen einiges. Manche werden krank oder erleben ein Schicksal und dies öffnet ihnen die Augen, meist weil sie dadurch zur Ruhe kommen, sprich ausgebremst werden und dadurch zum Überlegen und zu neuen Erkenntnissen kommen. Aber dazu muss es nicht erst kommen. Du selbst kannst überlegen, du hast die Wahl.

Aber dazu braucht man etwas Ruhe. Diese Ruhe ist in unserem Leben oft nicht vorhanden, Stichwort Hamsterrad.

Wir gönnen uns eine Pause oder eine Auszeit nicht. Wir dürfen sie uns angeblich nicht erlauben, da Stress zu haben „in" ist. „Was, du hast keinen Stress, du bist ja faul", hört man dann und denkt man dann selbst auch von sich, wenn sich die innere Stimme und der innere Kritiker meldet.

Jeder Mensch ist anders. Jeder hat seinen eigenen Rhythmus, seine eigene Geschwindigkeit.
Zu Beginn des Buches habe ich ja beschrieben, dass es uns Kindern erst einmal egal ist, ob wir beispielsweise reich oder arm zur Welt kommen. Wann beginnt das Schubladendenken eigentlich? Wann die Abwertung? Klar, wenn du als Kind selbst abgewertet wirst, glaubst du als Kind, dass dies richtig so ist. Du vertraust deinen Eltern, Angehörigen usw. Du achtest sie und hast ja keine andere Möglichkeit.

Aber jetzt als Erwachsener hast du, wie bereits gesagt, die Wahl und Chance, dies zu ändern. Auch wenn du abgewertet wurdest, musst du andere nicht abwerten. Noch schlimmer, du musst aufhören, dich selbst abzuwerten! Denn diese Prägung der Kindheit wirkt in dir oft noch immer und das strahlst du nach außen hin aus, durch Körperhaltung und nonverbale Ausdrucksweise, wie zum Beispiel durch deine Blicke.

Durch das Überdenken deiner eigenen Denkweise überschreibst du mit neuem Denken deine Gedanken im Gehirn, ähnlich wie eine Festplatte bei einem PC mit neuen Dateien überschrieben wird.

Das Gehirn ist trainierbar wie ein Muskel, durch wiederholtes Üben, und zwar bis ins hohe Alter (außer bei Erkrankungen).

Ich habe mich selbst, auch durch Überprüfung meiner Gedanken, mehrmals sprichwörtlich aus dem Moor gezogen, du schaffst das auch!

Bei vielen Krankheiten, so auch bei Migräne, darf man darüber nachdenken, ob mir diese Erkrankung eine Änderung der Lebensweise aufzeigen will. So fragte ich mich, will die Migräne mir etwas sagen, soll ich mich schützen vor etwas, was mir eigentlich zu viel ist oder sollte ich etwas ändern in meinem Leben. Doch oft kann man auf den ersten Blick wirklich nichts ändern im Alltagsleben. Pflichten in der Familie, Beruf mit pflege- und betreuungsbedürftigen Eltern, man hat keine Wahl. Man muss, ob man kann und will, man hat nur einen kleinen Änderungsspielraum. Spätestens aber beim Zusammenbruch bist du gezwungen, zu überlegen, was du anders machen musst und dann geht es meistens auch, wie wundersam!

„Sie wollen ja nicht", geäußert von der Arztschwester mir gegenüber, war fast richtig, denn mein Körper wollte (so) nicht mehr, er kann keine Leistungen mehr erbringen und die Seele leidet dadurch auch, denn, man will ja eigentlich, aber man kann nicht.

Gezeigt hat der Körper das durch Migräne, Erschöpfung, Rücken- und Knieprobleme (bei denen man echt nicht einmal mehr vorwärts gehen kann oder sich bewegen) und anderen Symptomen.

Körper und Geist und Seele sind zusammen ein Mensch. Man kann dies nicht trennen. Auch viele Ärzte erkennen dies mittlerweile und denken nicht mehr nur das Schubladendenken: Knie tut weh - also Knie behandeln, Kopf tut weh - Schmerzmittel sollten helfen.

Es ist komplexer.

Geholfen haben mir, als gar keine Bewegung mehr ging, zunächst Blicke durch das Fenster zu den Bäumen oder den Wolken am Himmel, die vorüberziehen. Das brachte mir die Einsicht, dass auch bei mir die Schmerzphase vorüberziehen könnte. Dann habe ich Mini-Spaziergänge und später kleine Wanderungen in schöner Natur und im Wald unternommen. Hier, in der Natur, kann ich frei atmen und ich kann einfach ich selbst sein. Keiner verlangt etwas, keiner stellt mich infrage, keiner zerrt an mir und ich komme zu neuen Kräften und dadurch zum eigenen Selbstbewusstsein.

Sei also auch du einfach ehrlich zu dir selbst und werde dir deiner selbst bewusst! Es muss nicht erst zu Krankheiten oder unerklärlichen Symptomen kommen.

Wo Liebe ist, ist kein Hass.

Das ist schon einmal ein guter Ansatz. Nun kommen wir vom Selbstwert zu Selbstliebe, oh, wie spannend!

„Selbstliebe", dieses Wort, wollen viele nicht hören, aber sagen wir mal Selbstachtung und Selbstannahme, **sich selbst der beste Freund sein**. Das ist schon viel, denn sich selbst so annehmen wie man ist, und Selbstachtung zu haben, ist auch mit Voraussetzung, um einen anderen Menschen zu lieben. Wenn man wenig von sich selber hält, glaubt man nicht, dass man geliebt werden könnte. Aber jeder Mensch möchte gern in den Arm genommen werden, auch wenn es nur durch nette Blicke geschieht, die Achtung des anderen Menschen kann man unterschiedlich ausdrücken. Jeder will geliebt werden, auch die, die noch so cool tun. Die starken Mauern außen herum verdecken nur tiefste Verletzungen. Aber innerlich sind wir alle sensibel. Die als Kind oder im Laufe des Lebens stark an der Seele verletzten Menschen sind ebenso sensibel, nur eben mit Schutzmauern versehen. Nur geben sie es nicht zu, spielen den coolen Helden. Neuerdings hört man, dass sogar vor der Geburt, also in der Schwangerschaft der Mutter prägende negative Belastungssituationen, daran beteiligt sind, wie es einem Menschen später gesundheitlich geht. Sensibel sind wir alle, auch wenn wir es nicht zugeben.
Denk mal daran, wie du als Kind einen Teddybär geknuddelt hast. Du konntest ihm alles anvertrauen, deinen Weltschmerz,

wenn dich keiner mehr verstand. Der Teddybär hat dich nicht bewertet, nicht abgewertet, sondern so angenommen, wie du warst. So wollen wir heute als Erwachsene auch angenommen werden und sehnen uns nach dieser bedingungslosen Liebe.

Wir sind im Inneren auch noch das gleiche Kind, zwar größer gewachsen, aber wir sind dennoch gleich, natürlich mit neuen Erfahrungen und Erlebnissen, die uns im Laufe eines Lebens prägen.

Denk mal an das Verliebtsein. Wenn du jemanden gern magst und gern mit demjenigen zusammen wärst, und er dich dann auch will, fühlst du dich selbst großartig, kannst die Welt umarmen, lächelst den ganzen Tag und machst komische Sachen, aber egal, du bist so toll. Die rosarote Brille kann auch Vorteile haben und ist so gesund. Erinnere dich an dieses Verliebtheits-Gefühl. Das hat nichts mit Sich-selbst-überbewerten zu tun, einfach vom Herzen mögen, eigene Schwächen annehmen, denn keiner ist perfekt. Im Verliebtheitsmodus machst du auch unschöne Tätigkeiten gern, sogar mit einem Lächeln. Körper, Geist und Seele profitieren von diesem Zustand, das Immunsystem wird gestärkt, die Durchblutung wird verbessert.

Sich selbst lieben, damit haben viele noch ein Problem. Aber sich selbst der beste Freund sein, ist ein guter Beginn und man kann sich dem Thema nähern.

Jetzt komme ich zu den
nicht so willkommenen Geschenken.

Bewertung und Abwertung
(auch von sich selbst)

Es gibt konstruktive (weiterhelfende) Kritik und es gibt pure Abwertung (völlig unbegründete Kritik vom Ego eines Menschen) und es gibt Vorurteile, die meist auf Nichtwissen und Nichtnachdenken beruhen.

Menschen überlebten von jeher nur gemeinsam. Hier sind die unterschiedlichen Fähigkeiten eines jeden Einzelnen wieder das Thema… Heute ist es nicht anders, wir sind global vernetzt (leider manchmal zu abhängig voneinander dadurch).

Das Hinterfragen deiner Gedanken und Ablenkung (des Gehirns) schafft auch hier Besserung. Ich meine nicht die Ablenkung durch TV, Handys und Tablets und Überflutung mit Nachrichten, die in paar Stunden sowieso überholt werden durch neue.
Die Werbung mit superschlanken und superschönen Menschen zieht dich ggf. sogar noch mehr runter und tut dir nicht gut.
Ich meine Ablenkung deines Gehirns von deinen schlechten Gedanken momentan. Atme erst einmal tief durch. Geh, wenn es möglich ist, in die Natur hinaus. Schauen wir uns noch einmal und immer wieder einen Baum an, der nicht gerade gewachsen ist. Er ist trotzdem wertvoll für uns alle.

Wenn du dich gerade mies fühlst, dich als wertlos erachtest, wertest du dich ab, bist also „wertlos".

Gesundes Selbstwertgefühl kommt vom Herzen und nicht vom Ego. Dies nur am Rand, da viele auch heutzutage noch Selbstwert mit egozentrischem Verhalten verwechseln und Selbstannahme und Selbstliebe ablehnen. Das sind aber zwei verschiedene Schuhe.

Bei Kritik fühlst du dich generell abgelehnt und stellst dich gleich als ganzer Mensch infrage und nicht nur das, was gerade bemängelt wurde? Du fühlst dich dann manchmal komplett als Versager? Es schnappt die Falle zu: Ohnmacht, also ohne Macht, gelähmt. Es zieht dich runter. Du fühlst dich schlecht. Es reicht manchmal schon ein „dummer" Spruch, unbedacht aber echt verletzlich. Frage dich dann aber auch, weshalb diese Aussage des anderen dich so sehr trifft, dir so sehr weh tut. Denn nur in Wunden können andere herumstochern! Nur die wunden Punkte sind für einen Angriff offen.

Du bist wie du bist ok! Punkt. Es kann dir auch egal sein, was andere über dich denken. Solange du niemandem schadest, ist alles erlaubt, fast alles.

Klar, wenn Menschen, die du wichtig findest, denen du vertraust und die du achtest, dich kritisieren, tut dies ggf. sehr weh. Es sind ja Menschen, die du schätzt und liebst. Kritik ist aber auch nicht gleich Kritik. Ehrliche und gut gemeinte (in deinem Sinne nach deinen Werten gut gemeinte) Kritik ist weiterhelfend. Überprüfe und heile deine Wunden, also deine Verletzungen der Vergangenheit.

Jeder einzelne von uns ist wertvoll und das muss sich jeder klar werden. Es gibt nicht viel Muss im Leben, aber das halte ich für extrem wichtig.

Warum fällt es den Menschen so schwer, das zu akzeptieren? Warum sind Menschen so stur? Ist es wirklich nur die Schutzmauer, die sie um sich bauen?

Warum haut man auf Opfer noch drauf (auch verbal). Warum ist der Mensch so?

Diese Fragen wird man nicht klären können oder hat sie bislang nicht geklärt, denn noch immer gibt es Kriege im Großen auf der Welt und im Kleinen, bereits am Arbeitsplatz oder in der Schule durch Mobbing etc. Verletzungen und Demütigungen aus Kindertagen muss jeder ernst nehmen und sich damit auseinandersetzen.

Klar in der Kindheit prägen Verletzungen und Demütigungen sehr. Dann kann das gesunde Selbstwertgefühl und das gute Selbstbewusstsein hier nicht oder nur schwer aufgebaut werden. Wenn man schon das Gefühl hat, ein Versager zu sein, was soll dann werden? Wie kann sich jemand dann noch wehren, wenn andere lautstark über einen herziehen?

Aber gerade die, die lautstark herziehen, haben manchmal selbst starke Verletzung und Demütigung erlebt und geben diese nur weiter an schwächere, um sich zu stärken und zu überspielen, was sie selbst schwach werden ließ. Sie wollen und können teilweise nicht das Erlebte verarbeiten und werden hart zu sich selbst und zu anderen Menschen, hart durch diese Schutzmauer aus der Kindheit oder aus dem jungen Leben.

Was weiß ich schon über andere? Ich habe zum Beispiel deren Schmerzen nicht. Ich kann und darf andere nicht (vor)verurteilen. Umgekehrt ist es auch so, was wissen andere schon über mich? Jetzt bin ich noch fröhlich lächelnd unterwegs zum Einkauf und zwei Stunden später kann ich mit starken Schmerzen und Übelkeit da liegen, keiner sieht mich dann, auch der Arzt nicht und die Arztschwester auch nicht. Wie urteile ich über andere, ohne dass ich sie genau kenne? Ich denke nur, dass ich sie kenne, aber das ist nicht die Wahrheit.

Wer weiß beispielsweise schon vom anderen, ob er für Nachbarn mit einkauft oder ob er sich aufgrund von (chronischer) Erkrankung einen Vorrat schafft? Dazu muss ich wohl nicht erwähnen, dass bereits unsere Eltern und Großeltern Gläser eingeweckt haben und auch einen Vorrat an notwendigsten Lebensmitteln und täglichen Bedarfsgegenständen angelegt haben. Wie schnell wird man krank und kann mit gebrochenem Bein nicht aus dem Haus, was dann?

Wer ist heute noch so stur, auf seiner Denkweise zu beharren, die angeblich nur die richtige ist?

Uns verletzt manchmal ja bereits ein Blick vom anderen, aber nur, wenn ich mir meiner nicht sicher bin, mir nicht selbst bewusst bin, wenn ich mich selbst nicht realistisch und nicht gut einschätze, nur dann fühle ich mich evtl. durch andere Blicke abgewertet und missverstanden.
Wenn ich aber „in mir selbst ruhe", stört mich auch ein abwertender Blick anderer Leute nicht. Was sie denken, kann mir egal sein, ich bin gut so, wie ich bin. Probiere dies einfach aus. Du wirst sicher sehen, dass es so ist.

Vielleicht kennst du das selbst, die Gedanken kreisen und kreisen immer wieder, Grübeleien nehmen kein Ende.
Und noch einmal sage ich: du bist gut, so wie du bist (wenn du anderen damit nicht bewusst schadest).
Außerdem ist es sehr hilfreich, wenn man das ganze Leben manchmal mit etwas Augenzwinkern und viel Humor annimmt.
Eigentlich bleiben wir bis ans Ende unserer Tage kleine Kinder.
Beobachte dich einmal selbst. Sei nicht so streng mit dir selbst. Es gibt keine Vollkommenheit, nirgends.

Schlafstörungen
und welchen Sinn sie haben können

Erst wenn der Körper und alle Muskeln einen bestimmten Entspannungswert haben, kann man einschlafen. Wenn dein Nervensystem jedoch überreizt ist, wie soll dann dein Körper mit all den Muskeln zur Ruhe kommen und schlafen können. Du bist im Alarmzustand, dein Nervensystem ist es wahrscheinlich. Körper und Geist und Seele brauchen die notwendige Ruhe, um einschlafen zu können.

Wenn du nicht einschlafen kannst oder nachts nicht wieder einschlafen kannst, dann spüre einmal den Gedanken oder Gefühlen nach im jeweiligen Moment. Oft helfen diese auch bei Problemlösung, zeigen einen möglichen Weg.

Wenn dich Sorgen plagen, kannst du nicht zur Ruhe kommen und somit auch nicht gut schlafen.

Warum kann ich nicht einschlafen? Warum kommen nachts die besten Einfälle oder warum liege ich nachts wach und es sind die Gedankenkreisel, die nicht aufhören wollen. Der Körper kommt zwar im Liegen etwas zur Ruhe, der Blutdruck senkt sich usw.

Das Gehirn kommt im Liegen nicht so schnell zur Ruhe, denn es hat nun nicht mehr so viele Aufgaben, welche mit Bewegungsabläufen und bestimmten Handlungen des Körpers zu tun haben, und so kreisen und kreisen und kreisen die Gedanken.

Der Tag wird verarbeitet und auch deine Situation. Vielleicht wollen auch tief in dir verwurzelte Probleme endlich gelöst werden. Also hat am Ende die Schlafstörung einen Sinn, den du erkunden kannst.

Wenn die letzte Mahlzeit 2 Stunden her ist und möglichst nicht zu viel Rohkost enthält, hat man gute Chancen zum Einschlafen, sagt man (denn der Körper hat nun auch diese Verdauungsaufgabe bewältigt). Aber das mit den Ressourcen, die nun frei werden und den Geist (die Gedankenkreisel) zur Grübelei einladen, ist nun ein Widerspruch. Denn nach neusten wissenschaftlichen Erkenntnissen gibt es sogar das Bauchgehirn. Es ist also alles kompliziert, aber auch interessant. Wichtig ist aber, sich in Sicherheit zu fühlen.

Wenn ich mir selbst vermitteln und mich auch davon überzeugen kann, dass ich in Sicherheit bin, findet auch mein Nervensystem zur Ruhe. So gelingt mir in letzter Zeit das Einschlafen und Wiedereinschlafen nachts ganz gut. Alles soll so sein und hat seine Richtigkeit.

Das Umherwälzen lässt Magensäurerückfluss leichter entstehen, besonders bei den Menschen, die darunter leiden. Hier hilft, mit etwas erhöhtem Oberkörper zu liegen. Den Raum sollte man gut abdunkeln.

Aber nicht nur Magen und Darm müssen vor Schlafbeginn ruhiger werden, die Gedanken auch. Deshalb wird immer wieder empfohlen, schöngeistige, nicht aufregende Tätigkeiten auszuüben und auf TV, Smartphone, E-Mail-Check usw. zu verzichten, mindestens 1 Stunde vor gewünschtem Schlafbeginn. Das Licht dieser Geräte und natürlich die teils aufregenden Mitteilungen, die man nicht verpassen möchte, verhindern das Einschlafen.

Ich muss mir außerdem eine gute Schlafumgebung, also Schlafgeborgenheit oder eine Wohlfühlzone, schaffen, denn Körper und Geist wollen sonst nicht zur Ruhe kommen. Das ist uns theoretisch eigentlich alles klar, aber oft so schwer umzusetzen. Manchmal hilft es, das Bett ein klein wenig im Raum zu verrücken, man kann dies einfach ausprobieren und erzielt Erfolge, ich wollte es auch nicht glauben. Sich selbst gut zureden hilft auch, sich selbst beruhigen und den Gedanken vermitteln, dass alles in Ordnung ist, dass man in den Schlaf gehen darf.

Es klingt nach Hokus Pokus, ist es aber nicht: Ausatmen und dann tiefes Ein- und Ausatmen lassen dich zur Ruhe kommen. Probleme wälzen kannst du auch am nächsten Tag, sagte ich mir, und manchmal kommt die Lösung oft tatsächlich am nächsten Morgen. Auch hier ist das innere Kind in uns, denn auch wir Erwachsenen brauchen ein Sicherheitsgefühl und Geborgenheit, um zur Ruhe und damit auch zum Einschlafen zu kommen.

Kleine Tipps zum besseren Einschlafen oder Wiedereinschlafen sind auch: Atme tief ein und aus und zieh sanft die Schultern runter, so kannst du auch noch freier atmen. Wärme lockert Verspannungen und gibt Geborgenheit.

Durch die Entspannung lockern sich die Muskeln und du kannst schneller einschlafen. Eine Tasse warme Gewürzmilch, entweder nur mit Honig oder eben auch mit Gewürzen, wie Zimt, Kardamom, oder was dir schmeckt, tun gut. Wenn dein Geist mit Grübeleien immer wieder nervt, hilft eine kurze Ansprache: „Ruhe jetzt", klingt lustig, und auch lachen entspannt.

Traurigkeit

Gib dir die Zeit, die du brauchst und beachte nicht, was dir andere vorschreiben wollen, wie lange etwas zu dauern hat.

Es trennt sich in deinem Freundes- und Bekanntenkreis spätestens die Spreu vom Weizen, wenn du eine Krise hast und wenn du traurig bist oder tief trauerst.

Wer dir gut tut und wer nicht, bemerkst du dann sehr gut. Wer dein „Nein" nicht akzeptiert und dich nicht respektiert, weil du dich zurückziehen und trauern möchtest, der ist es auch nicht wert, in deinem näheren Umfeld zu sein. Deren Ratschläge sind nicht immer gut für dich. „Hab dich nicht so" und „eine Mutter geht nun mal" hab ich mir selbst auch anhören oder lesen müssen. Das ist doch unglaublich. Vor allem dann, wenn man diese Mitmenschen geschätzt hat, Verwandte. Da siehst du, wer es wirklich gut mit dir meint und wer nicht.

Auch hier bist du nicht allein. Es gibt einen Weg. Dieser Weg ist vielleicht nur sehr schmal, mehr ein Trampelpfad oder nur niedergetretenes Gras, aber es wird ein Weg, auch aus der Trauer heraus. Habe Hoffnung! Bald bist du wieder auf dem breiten Weg, auf der Hauptstraße des Lebens.

Ein verletztes Bein braucht auch seine Zeit zum Heilen. So ist es auch mit Schmerz und Traurigkeit deiner Seele. Überlege, was kann ich noch tun, noch ändern, um meinen Zustand zu verbessern.

Weine (ja, auch Männer dürfen weinen!) so lange, bis keine Träne mehr da ist. Lass dich aber auch nicht hängen und versinke nicht zu tief in der Trauer.

Wenn du merkst, dass dich weinen zu sehr erschöpft, versuche eine Pause zu machen, die Pausen werden immer größer, du wirst es sehen. Auch bei mir hat es geklappt. Was habe ich alles Gutes um mich, wer und was kann evtl. helfen und trösten. Hilft Akzeptanz jetzt schon oder bin ich noch nicht so weit? Was kann ich dennoch tun, ändern im Denken vornehmen?

Geh in deinem eigenen Rhythmus, deine Zeit. Wenn andere sagen, du musst wieder raus, höre nicht auf sie, es ist deine Sache, du bestimmst das.

Du allein fühlst es und du allein entscheidest darüber, wann und wie du wieder „unter die Leute willst", also rausgehen willst und andere treffen.

Körperpflege ist wichtig, das wissen wir alle, aber Duschen zum Beispiel tut auch der Seele gut und spült Stresshormone von der Haut (die Haut ist auch ein Ausscheidungsorgan).

Außerdem ist das warme Wasser wärmend für die Seele. Kaltes Wasser am Ende des Duschvorganges bringt dich vielleicht zum Kichern, der erste kleine Weg aus der traurigsten Phase.

Überlege, was kann dir im Moment helfen, was später. Wie geht es anderen? Wie haben es andere in genau meiner Situation durchlebt? Aber bedenke auch hier, dass jeder Mensch anders ist und unterschiedlich reagiert und umgeht mit Kummer. Lass dich nicht überreden und „überrumpeln.

Einsamkeit

Ist man überhaupt jemals allein?

Du bist nicht allein. Allein, ja vielleicht, aber nicht unbedingt einsam!

Einsam und allein sein sind zwei verschiedene Dinge.

Brauche ich einen Menschen an meiner Seite, einen Seelenpartner?

Jein!

Ich behaupte, dass ich in Momenten, in denen ich mit mir im Reinen bin, mich nicht einsam oder allein fühle. Ich meine hier nicht den Flow, in welchem ich aktiv arbeite oder mich aktiv beschäftige. Ich meine erst recht nicht die Ablenkung mittels TV, Smartphone etc. Es kann sogar auch in ruhigen Momenten sein, dass ich mit mir im Reinen bin.

Auch eine kurze Zeit des Alleinseins bringt Erholung oder neue Erkenntnisse für dich und über dich selbst. Du kannst dir über manches klar werden. Ich kann allein sein und muss dabei nicht unbedingt einsam sein.

Ruhe ich sozusagen bewusst in mir, kann ich mich zu jeder Zeit geborgen fühlen und bin dennoch nicht einsam. Dabei ist es aber nicht hilfreich, Alleinsein durch ständige Reizüberflutung, wie dem Fernseher oder ähnlichem, auszugleichen.

Allein zu sein hat auch Vorteile. „Ich kann machen was ich will, auf dem Sofa in alten Klamotten fläzen" wirst du jetzt aufzählen und du findest sicher noch weitere Dinge.

Klar, keiner ist auf Dauer gern allein, wir Menschen sind Gesellschaftswesen. Einsam sind wir aber auch unter vielen Menschen, wie zum Beispiel einsam durch Handyblick, wenn unterwegs alle auf ihr Handy starren und nur wenige schauen um sich.

Dadurch verpasst man viele schöne Momente in seinem Leben.

Einsam kann man aber auch sein, wenn man mit jemandem gemeinsam auf dem Sofa sitzt oder mit vielen Leuten im Cafè sitzt.

Warum - **weil du dich nicht verstanden und / oder nicht wahrgenommen fühlst!**

Deine Daseinsberechtigung fehlt, ohne, dass du es ahnst oder weißt.

Ganz einfach! Wir wollen verstanden werden von anderen, dabei verstehen wir uns selbst oft nicht. Das geht dir bestimmt genauso.

Die fehlende **Daseinsberechtigung**, denke ich, ist der Schlüssel zur gefühlten Einsamkeit. Ich fühle mich einsam, es ist ein Gefühl. Die Daseinsberechtigung wird in der Kindheit angelegt. Unser inneres Kind meldet sich hier wieder.

Daseinsberechtigung und das Wahrgenommen werden können andere dir in deiner Kindheit gegeben haben, wenn nicht, musst du dir selbst eine Daseinsberechtigung als Erwachsener liebevoll erlauben, dich selbst verstehen lernen!!!

Du bist gut, wie du bist und es ist schön, dass du auf der Welt bist, egal, ob du jetzt gerade Leistungen vollbringst.

Du bist nicht allein. Dein Körper, Geist und Seele, aus welchem du bestehst, sind schon drei Anteile in dir. Dein inneres Kind ist der vierte Anteil und dein innerer Kritiker ist der fünfte. Das schenkt dir sicher jetzt ein Lächeln, aber es ist doch so: es fühlt sich zumindest besser an, als sich einsam zu fühlen.

Einsamkeit ist ein Gefühl, aber nicht unbedingt die Wahrheit. Und ich sage mir immer, es gibt noch einen weiteren Anteil, das „Ich", was alle anderen Anteile in mir im Zaum halten kann, sozusagen das letzte Wort spricht.

Vielleicht ist es auch der Verstand (vom Geist), der dann also sagt, *„jetzt Ruhe"*, das hilft dann, einen klaren Kopf zu behalten und die Situation realistisch zu betrachten. Änderung der Denkweise verändert auch das Wohlgefühl und damit auch das Wohlbefinden. Also du bist durch deine inneren Anteile schon mal nicht allein. Das klingt jetzt sicher absurd, aber es tröstet etwas. Es ist keine Zauberei und nicht esoterisch.

Du kannst jetzt darüber lachen, dann lache, lachen tut gut und ist gesund (wissenschaftlich belegt).

Aber auch du hast sicher innere Stimmen gehört, zum Beispiel bei Fragen die du dir stellst, wie: *„Soll ich den Job annehmen?"*, *„Nein"*, sagte die eine Stimme in dir, *„Ja"*, die andere.

Aber mal ehrlich, du fühlst dich einsam? Warum fühlst du dich einsam? Es ist ein Gefühl, es ist nicht unbedingt die Wahrheit.

Einsamkeit kann ein Problem sein. Natürlich ist nicht jeder, der allein lebt auch einsam und zeitweise tut Einsamkeit auch gut, um zu sich zu kommen.

Selbst in einer Partnerschaft traut man sich nach einigen Jahren oft auch nicht mehr, wichtiges anzusprechen. Manche tragen auch Probleme mit sich herum und die Gedanken kreisen immer wieder und es tut dann gut, zu reden oder sich auszutauschen.

Ich komme nochmals zurück zu deinen inneren Anteilen, aus denen du bestehst, wie Körper, Geist und Seele: Magst du deinen Körper, so wie er ist, kannst du ihn so annehmen? Sei ehrlich!

Verstehst du deine Seele, deine Gefühle? Wenn ich mich verstehe, auch meine negativen Gefühle akzeptiere und annehmen kann, also ganz bei mir bin und sozusagen in mir ruhe, fühle ich mich nicht einsam.

Und nochmals: Einsam kann man auch sein, wenn man mit jemandem gemeinsam auf dem Sofa sitzt.

Warum - **weil du dich nicht verstanden und / oder nicht wahrgenommen fühlst! Deine Daseinsberechtigung fehlt.**

Diese kannst und musst du dir jetzt als Erwachsener geben. Sei dir selbst ein guter Freund. Wie würdest du denn einen guten Freund behandeln? Überlege es einmal und du kommst sicher zu dem gleichen Ergebnis: mit Güte und Nachsicht würdest du einen echten Freund annehmen!

Ganz einfach! Wir wollen verstanden werden von anderen, dabei verstehen wir uns selbst und unsere Gefühle nicht. Wir nehmen unseren Körper nicht an, sondern werten ihn ab (angeblich zu dick und nicht schön genug, dabei leistet er so viel für uns).

Ich denke, dass gerade diese Fakten einsam machen! Deshalb ist Selbstannahme so wichtig! Sei du dir dein bester Freund und gib dir, was du von Herzen brauchst. Selbstliebe wollen viele nicht hören, aber sagen wir mal Selbstannahme, also sich selbst der beste Freund sein, sich so annehmen und verstehen (lernen), wie und warum man ist, wie man ist! Dann fühlt man sich meist auch nicht einsam. Denk einmal darüber nach.

Wenn nichts mehr geht – Burnout

Burnout-Prävention auf „*sanfte*" Tour, wie geht das? Wie äußert sich Burnout?

Ich denke, wir müssen die Zeit wieder mehr an uns anpassen und wir uns nicht an sie. Das Hamsterrad zu stoppen gilt es, um wieder ein besseres Lebensgefühl zu bekommen.

Burnout kommt schleichend, eventuell sind die ersten Anzeichen eine gefühlte Sinnlosigkeit. „Egal was ich mache, es bringt ja sowieso nichts." Das ist auch fehlendes Selbstwertgefühl. Du arbeitest hart mit angezogener Handbremse. Dann ist es, auch bei Maschinen, so, dass sie durchbrennen. Wir sind aber Lebewesen und keine Maschinen (selbst Maschinen müssen gewartet und gepflegt werden). Wenn wir uns und unsere Gesundheit (Körper, Geist und Seele) nicht warten und pflegen, brennt bei uns sozusagen auch etwas durch.

Diese gefühlte Sinnlosigkeit ist ein sehr wichtiger Anhaltspunkt für dich. Frage dich: macht dir die Arbeit noch Freude, ist das Hobby noch sinnbringend für dich, haben sich deine Wertvorstellungen geändert und will dir durch Burnout dein Körper ein Stopp geben zum Nachdenken?

Ich selbst hatte Burnout. Ich habe gearbeitet, hatte kleine Kinder und eine chron. kranke Mutter betreut und später gepflegt und mich selbst nicht wertgeschätzt und da ist Burnout kein Wunder. Außerdem habe ich meine Wertvorstellungen hinsichtlich des

Sinnes meiner Arbeit oder meines Schaffens nicht hinterfragt. Der Körper zeigt dir dann durch diese Symptome, dass du mindestens einmal nachdenken solltest über deine momentane Situation, privat und auch beruflich.

Bist du müde, dann frage dich, will mein Körper und meine Seele jetzt Ruhe? Klar, auf Arbeit kannst du dich nicht hinlegen, aber mindestens tief durchatmen und ggf. auch etwas langsamer zu arbeiten, ist wichtig. Denn, wenn du müde bist, lässt die Konzentration nach und Fehler schleichen sich schneller ein. Das ist eigentlich auch klar, oder?

Wenn du müde und zu Hause bist, dann lege dich hin, gib deinem Körper und deiner Seele Ruhe, denn es gibt kein Maß, wie oft und wie lange ein Mensch dies braucht.

Kein anderer Mensch kann es dir vorschreiben, du hast deinen eigenen Rhythmus! In der Ruhe kommen ggf. auch neue gute Ideen oder Lösungen von Problemen, Kreativität usw.

Sich selbst so wie man ist wertvoll zu erachten, ist der beste Schutz gegen das Ausbrennen. Das ist leichter gesagt als getan. Nicht nur das Thema Selbstwert auch die anderen Themen Traurigkeit, Schlafstörung usw. finden sich beim Burnout, der Erschöpfung von Körper, Geist und Seele, dem Totalzusammenbruch. Ich will hier auf die anderen vorangegangenen Abschnitte (Themen) nicht noch einmal eingehen, um Wiederholungen zu vermeiden.

Wollen wir nun das Hamsterrad endlich etwas bremsen?

Selbst nach einem Urlaub ist alles spätestens nach einer Woche im Alltag schnell wieder wie vorher und das Hamsterrad dreht sich unermüdlich weiter und immer schneller.

Immer schneller, höher, weiter in unserem Leben – wo soll das hinführen?

Wir Menschen sind, auch wenn wir uns immer neu anpassen, nicht in der Lage den Geschwindigkeiten von Entwicklungen unbeschadet so schnell zu folgen.
Neue Entwicklungen sind Fluch und Segen zugleich. Das richtige Maß der Anpassung ist hier sehr wichtig.

Das größte Problem und die Gefahr, Burnout zu erleiden, ist nicht unbedingt die viele Arbeit (teilweise fremdbestimmt), sondern die fehlende Anerkennung und deine Werte, die sich im Laufe deines Lebens geändert haben für dich. Nicht nur von außen, indem dir immer mehr zugemutet wird und du nicht nein sagen kannst, sondern die Anerkennung, die du dir selbst nicht gibst, ist das Schlimmste. Du kannst nicht nein sagen. Du willst perfekt sein, perfekt gibt es aber nicht, glaube mir. Du brauchst dringend wieder ein Gefühl dafür, wann deine Grenze erreicht ist und du rechtzeitig vorher einen Gang zurückschalten müsstest.

Dein Körper sagt es dir, du kannst und musst nur darauf achten. Nur so wirst du wieder täglich mehr Lebensfreude bekommen.

Ein gesundes Maß zwischen Ruhe und Forderung zu finden, ist eine Herausforderung. Ebenso ist es oft schwer, sich selbst so anzunehmen, wie man eben ist. Dabei ist gerade das so wichtig, denn es gibt immer negatives und positives, niemand ist perfekt und du musst es auch nicht sein.

Schreib dir vielleicht einen Plan, eine Liste, was du unbedingt erledigen musst und schaffe somit Prioritäten.

Denn, wenn du krank bist, kannst du vieles auch nicht erledigen. Das Hamsterrad ist nur für Hamster da, sonst droht die Abwärtsspirale! Versuche, einfach mal nichts zu tun und nichts zu müssen (zumindest für die nächste halbe Stunde, die Welt dreht sich auch so weiter). Ja, du darfst dich auch mal loben, wer sagt etwas dagegen, wer, frage ich dich?

Beobachte das Grün vor dem Haus, geh in die Natur spazieren, wandern, Rad fahren oder joggen oder was dir Freude macht. Ja, du darfst dich freuen bei deinen Aktivitäten. Atme tief ein und aus. Besonders in der Natur, im Wald, ist das Atmen durch die vielen Aerosole gesund. Das Grün wirkt entkrampfend für Körper, Geist und Seele.

Lass Gefühle und Emotionen zu, lache und weine.

Wenn du müde bist, zeigt dir dein Körper damit etwas, nämlich, dass er echt Ruhe braucht.

Vielleicht will (und muss) dein Körper eine bevorstehende Erkältung und Viren abwehren Die Bekämpfung durch seine Selbstheilungskräfte, bevor die Erkrankung ausbricht, ist auch anstrengend für den Körper und bedarf der Schonung. Dieser Aspekt wird generell noch zu sehr unterschätzt. Wenn du immer wieder gegen dich selbst ankämpfst, streikt dein Körper dann einmal und es geht nichts mehr – Burnout bis Depression.

Lass deinem Körper Zeit, wenn er müde ist, denn er arbeitet unentwegt für dich und regeneriert sich ganz im Hintergrund. Ja, wir haben echt verlernt, auf diese ganzen Signale unseres Körpers zu achten.

Nimm Müdigkeit ernst und pusche dich nicht mit Kaffee auf. Auf Arbeit kannst du dich ja kaum hinlegen, aber arbeite etwas langsamer und atme tief durch, wenn es nicht anders für den Moment geht.

Wenn du dich gerade allgemein sehr schlapp fühlst, dann beginne einen Spaziergang ganz langsam und steigere es so, wie den Körper sich gut dabei fühlt.

Gesunde Ernährung spielt auch eine Rolle, aber gönne dir immer wieder auch etwas. In der Ayurveda-Küche beispielsweise verwendet man jede Geschmacksrichtung, auch Süßes ist erlaubt. Wir kaufen teure Küchen und essen Billigfleisch! Wo ist hier der Fehler? Wir haben nur einen Körper. Also ist es auch wichtig, was wir essen, welche Qualität und in welcher Zeit, ob mit Ruhe oder ob wir das Essen schnell hinunter „schlingen".

Wir kaufen teure Autos, für die Autos das beste Pflegemittel, den besten Treibstoff, aber was machen wir für uns? Wir hetzen durch das Leben, um diese (teils erträumten teuren) Gegenstände irgendwann einmal besitzen zu können, sind dann teilweise krank und können das dann sowieso nicht genießen. Bedenke also immer wieder: das Hamsterrad ist nur für Hamster und nicht für uns!

Angst

Habe ich überhöhte Angst
oder ist es „normale" Angst?

Angst ist generell nicht negativ, sie ist sogar wichtig, sie kann schützen.

Wie wir auf Angst reagieren, hat verschiedene Formen, wie Schockstarre, Flucht oder Kampf. Diese Reaktionsmöglichkeiten sind dem Menschen angeboren.

Angst hat auch sehr viel mit dem Selbstwert zu tun. Wer ein hohes Selbstwertgefühl hat, den haut so leicht nichts um, den Widrigkeiten begegnet man leichter.

Aber hier geht es um die Angst und den Weg heraus.

Manchmal wissen wir nicht, dass es Angst ist, was uns behindert im Alltag, denn oftmals kann man seinen Gefühlszustand nicht deuten. Ist es Traurigkeit, ist es Angst, bin ich nur leicht verstimmt, bin ich deprimiert oder ist es nichts von Bedeutung und vergeht schnell wieder? Steckt hinter jedem Gefühlszustand etwas, was einen bewegt? Muss ich dem immer nachgehen, nachforschen?

Es gibt viele Arten von Angst: Überlebensangst, Versagensangst, z. B. Lampenfieber vor einer Prüfung oder Auftritt vor Publikum,

Verlustangst, hier also Angst, den Partner zu verlieren, die Kinder oder nahe Angehörige und Freunde, dann die Verlustangst, den Arbeitsplatz zu verlieren, finanzielle Not zu erleiden, Angst vor Tieren, wie Spinnen etc.

Angst und Stress sind eng miteinander verknüpft. Angst ist ja auch Stress für den Körper. Unter Stress, so sagen Neurowissenschaftler, ist das Gehirn mit eben dieser Angst beschäftigt und hat nicht mehr genügend Potenzial, wirkliche Denkaufgaben zu bewältigen. Wir sind nicht mehr voll leistungsfähig für andere Aufgaben. Das ist meines Erachtens logisch. Ist das Gehirn und damit auch der von ihm gesteuerte Körper mit Angstabwehr zum Schutz des eigenen Lebens beschäftigt, was früher zum Beispiel für die im Wald lebenden Menschen überlebenswichtig war aufgrund wilder Tiere, kann der Geist und Körper keine Rechenaufgaben lösen.

Das begreifen heutzutage noch immer manche Arbeitgeber nicht. Existenzangst und Versagensangst, auch aufgrund von Mobbing oder Sorge wegen drohendem Verlust des Arbeitsplatzes, schlechte Entlohnung, bei der ich nicht weiß, wie ich mich und die Familie monatlich versorgen soll, schlechtes und abwertendes Klima im Team, ungerechte Bezahlung bei gleichwertiger Arbeit usw. führt nicht zu guten Arbeitsergebnissen. Auch das hat die Wissenschaft schon belegt. Heute haben wir Angst, oft diffuse, unerklärliche Ängste. Auch Angst vor der Angst.

So war es bei mir mit Migräne. Man hat zunächst starke Schmerzen am ganzen Körper, nicht nur im Kopf, und starke Übelkeit und kann nur noch liegen. Manchmal quält man sich auf Arbeit aus Angst um den Arbeitsplatz und aus Versagensangst, man will nicht schon wieder ausfallen und den Kollegen Mehrarbeit zumuten. Aber der Körper kann auf Dauer diese massive Überlastung nicht regenerieren und es kommen weitere Erkrankungssymptome hinzu, wie Erschöpfung und permanente Müdigkeit. So hat man Angst vor dem nächsten Anfall. Dann tritt schnell Angst vor der Angst ein.

Spätestens wenn die Angst lähmt, ist es an der Zeit, etwas zu unternehmen dagegen.

Überlege deshalb, wie real deine Angst ist.
Bei konkreten Ereignissen, stelle dir Fragen, wie: Ist das Ereignis eine akute, unmittelbare Bedrohung für mich (und meine Angehörigen)?

Wenn Nachrichten von Krieg und Terror uns erreichen, frage dich, bin ich überhaupt selbst bedroht und in welchem Maße oder habe ich Angst, dass dies auch bei mir geschehen könnte. Was kann ich jetzt tun, um ein Ereignis, eine Gefahr abzuwehren oder zu vermeiden, umsichtiger zu sein, wie durch bestimmte Schutzmaßnahmen etc.?

Angst will uns schützen, aber Überangst lähmt (auch das Gehirn, welches dann keine Lösungen finden kann), das ist Schockstarre. Es ist gut, umsichtiger zu sein, aber Angst darf nicht lähmen. Was ist meine größte Angst, wie realistisch ist es, dass dies überhaupt eintritt und was ist das Schlimmste, was mir damit passieren kann? Welche Folgen bestehen für mich?

Und frage dich auch, welche positiven Seiten die Situation hat. Das gelingt nicht sofort bei Panik, das ist klar. Aber es gibt meistens zwei Seiten. Frage dich zum Beispiel bei Angst vor Verlust des Arbeitsplatzes oder bei Problemen auf Arbeit: genügt ein klärendes Gespräch mit Kollegen oder dem Chef?

Wenn ich die Arbeit tatsächlich verlieren würde, kann ich eine Fortbildung machen, um mehr Chancen zu haben? Gefällt mir die Arbeit überhaupt noch und ist es vielleicht sogar eine Chance, meinen lang ersehnten Wunschjob auszuüben, zu erlernen? Wenn ich dann nur noch Arbeitslosengeld zur Verfügung hätte, was ja weniger als mein Einkommen ist, wie kann ich dann eventuell Ausgaben sparen, die ich jetzt tätige?

Suche konkrete Lösungen und du wirst sehen, ganz so schlimm kommt es dann meist doch nicht. Zumindest ist das Gehirn beschäftigt, Lösungen zu suchen, anstatt in Grübeleien in Endlosschleife zu verharren.

Bei Verlustangst überlege, woher die Angst kommt. Ist sie aus Kindertagen, Angst, nicht angenommen und geliebt zu werden? Wenn du Angst hast, vor mehreren Menschen zu sprechen und du bist beauftragt, ein Thema im Meeting vorzutragen, dann kannst du üben, den Text immer wieder lesen und dich vorbereiten, um somit sicherer zu sein, denn du kannst es besser mit entsprechender Vorbereitung.

Angst trifft alle Bereiche unseres Lebens, auch Burnout geht aus ihr hervor (Versagensängste), Schlafstörung ist ein Symptom, Stress (Stress ist ja auch Angst).

Beschäftige dich mit diesem Thema, damit dich die Angst nicht ohnmächtig macht. Ohnmacht sagt schon „ohne Macht", du bist selbst nicht in der Lage, zu handeln. So weit kommt es nicht, wenn du anfängst, mit Fühlen und den richtigen Gedanken des klaren Verstandes.

Was ist real an dieser Sorge oder Angst, welche Gefahr ist tatsächlich jetzt oder in naher Zukunft und was kann ich tun.

Die Reizüberflutung durch täglich zigtausend Informationen, besonders auch die Negativmeldungen aus den Nachrichten verstärken ein allgemeines Angst- und Unsicherheitsgefühl. Verringere deine tägliche Nachrichtenflut.

Die Nachrichten von heute werden morgen meist schon überholt von neuen, wieder schlimmen Mitteilungen. Wir müssen lernen, es wohl dosiert zu nutzen.

Bleib einen Moment ruhig, die Welt dreht sich trotzdem weiter, stimmts?!

Ich habe einmal an einem Wochenende fast stündlich Nachrichten geschaut und war abends fix und fertig. Vor allem die Bilder bleiben im Kopf hängen und du bekommst sie nicht so schnell wieder heraus.

Dann dachte ich mir, dass ich im Urlaub auch selten Nachrichten ansehe und überlegte, wie ich mich dabei fühle. Ja, es geht mir wesentlich besser und ich bin entspannter, nicht nur durch den urlaubsbedingten Ortswechsel. Nein, auch durch die Art und Weise, wie ich die Urlaubstage verbringe, warum also nicht im Alltag auch ein bisschen davon übernehmen, was hält mich davon ab?

Kümmere dich um deine konkreten Sachen, die für dich und dein nahes Umfeld wichtig sind und da sind oft genug Sachverhalte zu klären und der Alltag zu bewältigen und du bist genug ausgelastet. Klar, man soll die Augen nicht verschließen vor dem, was in der Welt geschieht. Aber, deine Gesundheit ist auch wichtig und reduziere deshalb die Nachrichten. Ändert sich bei dir konkret etwas? Nein, meist nicht.

Am Ende kennst du auch nicht einmal den Wahrheitsgehalt dieser Nachricht. Selbst das kann am nächsten Tag ganz anders dargestellt werden.

Du kannst vieles auf der Welt nicht verhindern, also musst du auch nicht jede Schreckensmeldung in dich aufnehmen, die morgen schon durch eine neue Schreckensmeldung überholt werden kann.

Überlege, was dies mit deinem Geist und deiner Seele macht. Ob du etwas weniger von diesen Nachrichten siehst oder hörst, ändert nichts am Weltgeschehen, wohl aber an deiner Gesundheit.

Viele psychische Erkrankungen, Angststörungen und Panikattacken gehen auf das Konto dieser Reizüberflutung.
Also überlege dir gut, was du aufnimmst und welche Gefühle und Gedanken es in dir auslöst. Nicht immer ist es Angst oder Sorge. Wenn du weinen musst, dann weine. Auch das kann helfen und danach siehst du vieles klarer.

Vielleicht bist du auch nur erschöpft. Um dies herauszufinden hilft nur Ruhe, um sich klar zu werden, was dahintersteckt und ob die Angst tatsächlich vorhanden ist und die Ursache dafür.

Nutze auch hier die Natur, sieh aus dem Fenster oder gehe spazieren. Beobachte Bäume und Tiere. Das stellt meist wieder ein Gleichgewicht in unserem Inneren her. Sprich mit dir Vertrauten darüber, aber nur mit solchen Menschen, die dich ernst nehmen und deine Sorgen nicht als Kleinigkeit abtun.

Oft hilft auch die Akzeptanz. Du kannst manches nicht vermeiden, das Leben bringt halt auch Gefahren mit sich. Eine hundertprozentige Sicherheit gibt es nirgends.

Wichtig ist: du bist nicht allein. Ein Lösungssuchen ist immer noch besser als Verharren in der Angst und panischem Überreagieren und unsinnigem Handeln. Also klaren Kopf bewahren, tief atmen und erst einmal überlegen, was im Moment wirklich sinnvoll zu tun ist oder ob überhaupt etwas zu tun ist.

Ich könnte toben, wenn ich dürfte – Wut

Wie kann ich die Wut ausleben,
ohne jemandem zu schaden

Hast du Wut? Oder Trauer, Verzweiflung, Hilflosigkeit, Ohnmacht? Fühlst du eine Ungerechtigkeit? Wie gehst du mit deinem Frust um, deinem Ärger? Frisst du es in dich hinein oder was ist deine Lösung?

Manchmal fühlt man sich nicht wohl, ist geknickt. Man weiß selbst nicht, was los ist und was mit einem ist. Ist man traurig? Hat man Wut, Angst, Ohnmacht (man ist also ohne Macht, etwas zu sagen oder gar zu ändern an einer Situation)? Was ist eigentlich los mit mir? Ist das normal?

Es ist oft nicht leicht, erst einmal festzustellen, ob „etwas ist" und wenn ja, was da nicht stimmig ist.

Viele von uns lernen bereits als Kind, dass man keine Wut haben und diese auch nicht ausleben, nicht rauslassen sollte.

Lange Zeit habe ich Wut als etwas, was man nicht haben darf, abgetan. Erst recht ein Mädchen darf seine Wut nie zeigen, wurde uns eingeredet. Wut darf ich nicht haben, irgendetwas stimmt dann nicht mit mir, hat sich als Gedanke fest in meinem Inneren verankert.

Wut auf sich selbst geht da schon eher, man ist ja sowieso nichts wert. So oder ähnlich kennt man es aus der Kindheit. Unsere Eltern haben dies aber nicht mit Absicht an uns weitergegeben, sie kannten es nicht anders, sie hatten es selbst so übernommen von ihren Eltern und so weiter.

Die Wut in sich zu behalten und nicht ausleben zu dürfen, kann zu Krankheiten führen, mindestens aber zu Unwohlsein. Das wissen wir heute. Es führt zu Stagnation im Inneren und so manche Blockade im alltäglichen Leben ist auf angestaute Wut zurückzuführen. Das habe ich bei mir selbst erlebt. Und auch das Heulen ist oft Zeichen von Wut und Hilflosigkeit, Ohnmacht. Denn Wut bedeutet, ohne Macht zu sein, oft von außen bestimmt, so wie als Kleinkind, wenn man etwas nicht bekommt und bockig ist. Bockig darf man ja nicht sein, das ziemt sich nicht, wurde uns gesagt. Also verdrängen wir die Wut, das Ohne-Macht-Sein.

Den Partner darf ich nicht anbrüllen, er kann nichts dafür. Die Kollegen soll ich nicht beschimpfen, sie können nichts dafür. Es hat auch sehr viel mit Selbstwert zu tun, ob ich meine Meinung sagen kann oder nicht und sich dies dann in Wut in mir verfestigt. Teilweise habe ich dann Wut auf mich selbst, warum ich zu feige bin und nicht den Mut habe, meine Meinung ehrlich zu sagen.

Also, du siehst, wie wichtig ein gesundes, ehrliches Selbstwertgefühl ist. Es zieht sich durch das Leben wie ein roter Faden. Ich kenne meinen Wert, ist ja die eigentliche Aussagekraft von Selbstwertgefühl und Selbstbewusstsein, also, dass ich mir und meinem Wert liebevoll bewusst bin, ohne mich überzubewerten.

Wie geben wir es an unsere Kinder weiter, das mit dem Wutausleben?

Das ist nicht einfach, auch die Trotzphase des Kleinkindes kann einem schon viel abverlangen und nervenaufreibend sein. Wenn sich das Kind im Supermarkt bockig vor die Kasse hinlegt aus Wut, nicht das zu bekommen, was es möchte, wer bleibt dann immer gelassen und locker als Mutter oder Vater?

Es ist ein Zwiespalt, was muss oder sollte ein Kind, wie weit können Eltern ein Kind zwingen, auch wenn es gut gemeint ist. Das Kind kann anders ganz gut leben später. Es ist schwer am Grat entlang zu laufen von Sollen und Wollen. Eine antiautoritäre Erziehung ist ja auch mit Tücken versehen.

Was ist richtig oder falsch? Was tut dem Kind gut, was schadet ihm. Erziehung ist eine große Herausforderung und Stress im Alltag macht alles kompliziert.

Wie also die Wut ausleben, ohne jemandem zu schaden?
Das ist wichtig: Andere dürfen durch unser Handeln niemals Schaden erleiden.

Manchmal hilft Heulen. Ich weiß, dass dies viele nicht hören wollen. Aber es gibt diese Wuttränen, nicht nur in Zeiten der Trauer. Wenn es dir so ist, dann heule. Nach dem Heulen sieht man vieles klarer. Und: auch Männer dürfen heulen. Ich sage hier „heule" statt „weine", denn „weine" will wieder keiner hören (das erinnert dann wieder an Weichei), obwohl wir alle Weicheier sind, denn wir sind alle, mit Gefühl ausgestattet, auf die Welt gekommen.

Wenn es dir hilft, zerknüll oder zerreiße altes Papier (das hat mir sehr gut geholfen), hau auf ein Kopfkissen, brülle mal einfach vor dich hin, wenn du allein bist, heule, wenn der Schmerz da ist, lass es raus. Mach Sport im Freien, die Natur beruhigt dich zusätzlich. Aber niemals darfst du anderen damit schaden!

Du willst nicht angebrüllt oder verletzt werden, auch dann nicht, wenn du Härte gewohnt bist von früher oder in deinem jetzigen Umfeld, von anderen Menschen ausgehend. Wir sind Menschen oder Lebewesen, die nichts dafürkönnen, dass du stark verletzt, gedemütigt oder ungerecht behandelt worden bist.

Sorge auch du mit dafür, dass es keinen Hass und keine Gewalt gibt, denn nur ein gutes Miteinanderumgehen ist ein lebenswertes Leben, auch für dich!

Deshalb frage dich, was sind deine weiteren Bedürfnisse? Deine Meinung sagen, ja gut, aber bitte gewalt- und hassfrei und somit im Rahmen der normalen zwischenmenschlichen Kommunikation. Das finde ich äußerst wichtig.

Wie streiten wir miteinander? Ist Mobbing ein Thema bei dir auf Arbeit? Auch Mobbing stammt übrigens aus Wut, aus nicht verarbeiteter Demütigung des Mobbers, der das dann an andere weitergibt.
Diskutieren wir in ruhiger Umgebung oder schreien wir uns an? Was bringt am Ende das bessere Ergebnis? Sicher nicht das Herumschreien! Willst du angeschrien werden? Sicher nicht. Behandle andere so, wie du auch behandelt werden willst und lass deine Wut nicht an anderen Menschen oder Lebewesen aus.

Wenn ich innerlich Groll habe oder etwas, das ich nicht genau beschreiben kann, wie eine innere Unruhe vielleicht, dann reicht es auch nicht, zu überlegen, was ich bereits habe, besitze und was ich damit machen kann.

Wenn es Wut ist, oder Trauer oder negative Emotionen und Gefühle, dann habe ich etwas zu viel von dem bekommen oder erlebt, was ich eigentlich nicht will. Der Körper wehrt sich gegen dieses Zuviel und baut dabei eine gewaltige Kraft und Energie auf.

Manche Wut stammt aus Kindertagen und kommt immer wieder hoch und richtet sich noch gegen uns selbst, weil wir mit der vermeintlichen Schwäche nicht handeln konnten, uns nicht wehren konnten. Ich muss aber auch überlegen, ob ich vielleicht zu viel Reizüberflutung durch Mitteilungen, Nachrichten usw. über Smartphone, Tablet oder PC und TV habe. Auch diese schaffen Wut und Ohnmacht, der Inhalt der Nachrichten und auch generell zu lange und zu häufige Nutzung der genannten Technik.

Eine Reizüberflutung führt auch zu Unruhe und kann Wut und weitere negative Emotionen nach sich ziehen.

Wut hat eine enorme Kraft und Energie in sich. Sie muss raus, also ausgelebt werden. Wenn sie sich anstaut, wird sie enorm groß und irgendwann platzt man in einer Situation, die unangemessene ist, man schreit den Partner an, die Kollegen usw. Wut muss also auch ausgelebt werden dürfen, aber so, dass andere Menschen und Lebewesen keinen Schaden dabei erleiden!

Wie kann also die Kraft und Energie der geballten Wut in uns in positive Ergebnisse und für Verbesserungen in unserem Leben gewandelt werden?

Es gibt einfache Methoden, wie Papier zerknüllen oder auf ein Kopfkissen hauen und kurz schreien. Mir hilft manchmal auch frische Luft, also ein Spaziergang.
Manche joggen und lassen ihre angestaute Wut-Energie auch in Fitnessstudios raus. Gut ist auch die Wohnung auszumisten, also mal richtig aufräumen. Danach sieht man ein gutes Ergebnis und das baut dann auch etwas auf und macht bessere Laune.

Aber auch bei Wut muss man sich überlegen, was der Grund dafür ist. Im Moment größter Wut ist das Gehirn aber blockiert, so dass nur körperliche Tätigkeit hilft, wie eben laufen oder Hausarbeit, da die Kraft abgebaut werden muss. Ist dann der Zustand wieder beruhigt, kann man nachdenken, was zur Wut geführt hat.

Sei dabei immer ehrlich zu dir selbst!

Woher kommt die Wut, evtl. aus Kindertagen? Man ist in eine ähnliche Situation der Ungerechtigkeit gelangt, wie sie damals empfunden wurde, und das löst in uns immer wieder Wut und negative Gefühle aus.

Wir sind immer noch Kinder, denn wir sind keine anderen Wesen geworden, nur gewachsen und mit neuen Erfahrungen ausgestattet und nicht alle neuen Erkenntnisse überschreiben die aus der Kindheit. Beobachte dich mal und du wirst es bestätigen. Wir wollen alle groß und erwachsen wirken, aber wenn wir ehrlich zu uns sind, so sind wir doch noch immer Kinder, im Inneren auf jeden Fall.

Es ist alles so ungerecht...

Papier zerknüllen, am Fenster tief einatmen und mir selber sagen, „Ich bin gut", reicht oft nicht.

Fühlst du die Ungerechtigkeit? Was ist Auslöser dafür gewesen? Nicht nur vielleicht, denn das ist sogar ganz sicher, wurdest du in deiner Kindheit mindestens einmal (gefühlt) ungerecht behandelt. Es ist ein Ohnmachtsgefühl, also ein Gefühl, ohne Macht zu sein, und genau das macht hilflos, als Kind und jetzt als Erwachsener fühlst du dich dadurch sehr minderwertig, wenn andere (gefühlt) Macht über dich haben und du nichts ändern kannst, z. B. auf Arbeit.

Aber kannst du nichts ändern? Ist der Job (noch) richtig für dich? Stelle dir Fragen und überlege auch, was du ändern kannst in deinem Leben, an deinem Zustand. Ganz so hilflos bist du als Erwachsener nicht, nur das innere Kind wird sofort wach, diese Prägung von damals kommt sofort hoch in dir, weil dieses Gefühl der Ohnmacht (Gefühl, ohne Macht zu sein) damals so stark war. Deshalb ist es auch jetzt sofort da, jetzt - im Erwachsenenalter, Ohnmacht (ohne Macht sein) und auch Wut. Es ist eine gewisse Hilflosigkeit, weil man nichts ändern kann. Aber eine gewisse Akzeptanz, dass man vieles nicht ändern kann, gehört auch zum alltäglichen Leben. Vieles, was wir hören oder sehen und erleben, macht uns fassungslos und ohnmächtig.

Wir richten uns aufgrund von Nachrichten, die uns täglich überfluten können, auch mit unserer Wut und Hilflosigkeit gegen Menschen, die nichts dafürkönnen.

Aber irgendwo muss unsere Wut ja abgelassen werden. Das führt oft zu neuen Ungerechtigkeiten und beseitigt das Hauptproblem nicht und es macht uns auch nicht gesünder, schadet uns eher.

Also du siehst, es gibt immer verschiedene Ansichten und es entstehen täglich immer wieder Ungerechtigkeiten. Wir müssen lernen, die Meinung der anderen zu akzeptieren (z. B. indem wir uns im Inneren einen Halt schaffen, einen Ruhepol, einen Anker - das geht nur mit Selbstachtung, sich selbst der gute Freund zu sein). Wir müssen auch unsere eigene Meinung hinterfragen, überprüfen und nicht stur darauf beharren. Wir sind intelligente Menschen, jeder hat eine Art Intelligenz in sich und die darf auch genutzt werden durch Überprüfen der Fakten, der eigenen Gefühle, des Inneren, unseres Lebens und die Prägung der Kindheit (ob es jetzt noch stimmt, was wir als Kind glauben mussten im Vertrauen).

Die Welt wird immer eine teilweise Ungerechtigkeit beinhalten, manchmal gegen dich gerichtet und manchmal bist du auf der besseren Seite, ich will nicht sagen, Gewinnerseite, obwohl es fast das ist.

Es gibt immer zwei Seiten, vieles ist traurig und macht Angst oder Wut, aber vieles ist auch lustig.

Sei also ehrlich zu dir selbst, immer! Versuche immer auch etwas Gutes in der Situation zu suchen und zu erkennen, denn die gibt es auf jeden Fall.

Manche sieht man nicht auf den ersten Blick und in negativer Emotion ist dieser Blick auch getrübt, ja vernebelt.

Die Welt besteht nicht nur aus uns Menschen, ob wundersam oder nicht, nein, sie besteht aus täglich neuen Erkenntnissen, Ärger, Freude, kleinen und großen Wundern, und immer wieder Neuerfinden, dem Suchen und Finden von sich selbst.

Man verliert sehr schnell den Überblick und keiner erklärt es einem so richtig.

Die Welt dreht sich gefühlt immer schneller, wir kommen kaum noch hinterher und haben so viel bei uns selbst noch nicht kapiert.

Noch immer hungern Millionen Menschen, obwohl wir andernorts Lebensmittel wegwerfen, die teilweise noch essbar wären. Auf der einen Seite ist Überfluss und 10 Käsesorten in den Regalen der Läden, auf der anderen Seite wären Menschen froh, wenn sie wenigstens einen harten Kanten Brot hätten.

Aber sehen wir uns unseren privaten kleinen Mikrokosmos an, denn hier spielt täglich die Musik und nicht im Großen!

Was ist nun dein seltsames Geschenk?

Ich denke, das Leben selbst ist das seltsame Geschenk. Ja, es ist ein bitter-süßes Präsent, aber es lohnt sich, es zu leben. Man muss da eben durch. Wenn man mit Humor durchs Leben geht, fällt es leichter. Klar, immer kann man wirklich nicht lachen. Aber nur grimmig zu schauen, bringt mich nicht weiter.

Nicht das, was ich nicht mehr kann, sollte im Fokus stehen, sondern das, was ich noch kann. Wenn du wieder einmal haderst mit dem Leben oder du bist erkrankt, mach einfach einmal (gedanklich) eine Liste der Dinge, die du noch machen kannst.

Dankbar sein. Fällt dir jetzt wirklich nichts ein, wofür du dankbar sein kannst?

„Versuche einmal, das Leben mit Dankbarkeit zu sehen."

Dieser Spruch hat Wut in mir ausgelöst, als ich krank war.

Aber: Dankbarkeit funktioniert, ich habe es selbst probiert. Wenn es mir schlecht geht, frage ich mich jetzt immer, was kann ich noch, anstatt zu denken, was alles nicht mehr funktioniert. Das gelingt fast immer, wenn auch nicht gleich sofort bei einer neuen, herausfordernden Situation. So habe ich bei einer schweren Blockade der LWS liegend im Bett diese Überlegung angestellt und bin zu erstaunlicher Erkenntnis gekommen: im Liegen könnte ich noch beruflich telefonieren, da musste ich dann kichern.

Allein nur dankbar zu sein, für das, was ich habe, hilft das weiter bei gefühlten oder tatsächlichen Ungerechtigkeiten?

Was, wenn ich krank bin und ich „kämpfe" mit der Krankenkasse um eine Reha oder um Übernahme der Kosten für Medikamente und fühle eine Ungerechtigkeit?
Was, wenn mir eine Behörde einen für mich ungerechten Bescheid zugesandt hat?
Was, wenn mein Kollege mehr Gehalt bekommt für die gleiche Arbeit wie ich?
Was, wenn…

Und es gibt noch viele Fragen, die an diese Stelle passen.

Ich empfinde Hilflosigkeit und Wut, weil ich nichts ändern kann.
Aber kann ich wirklich nichts ändern an meinem Zustand?

Kann man wirklich nichts ändern?

Ich denke, es gibt immer mindestens zwei Möglichkeiten. Aber ich sehe sie auch nicht immer sofort.

Wenn man sich aber einmal in Ruhe umsieht oder nachdenkt, erkennt man, dass da doch mehr ist. Warum kommt aber diese Erkenntnis so spät in unser Denken, warum ist unser Gehirn so vermeintlich langsam und macht es uns selbst schwer damit, aus negativer Spirale herauszukommen? Diese Frage blieb für mich lange Zeit ein Rätsel. Aber ich habe auch gehört, gelesen oder gesehen, dass unser Gehirn pro Sekunde (!) viele tausende Impulse, Gedanken, Emotionen verarbeiten muss. Somit ist es kein Wunder, dass es seine Zeit braucht, um die für uns wichtige Frage zu klären oder ein Ergebnis zu liefern, neue Wege zu sehen Möglichkeiten zu entdecken usw.
Außerdem ist unser Gehirn (Denken, Fühlen, Emotionen) durch die Ablenkung in Form von ständigen Neuigkeiten auf Smartphone, Tablet und TV usw. sehr stark ausgelastet. Wir bräuchten viel mehr Ruhe, was oft eine Lösung bringen würde.

Was kann ich noch, was ist positiv an meinem Zustand?

Klar, vielleicht wirst du sagen, das ist positives Denken und alles nur bla bla.

Aber mir selbst hilft es nicht, in diesem negativen Zustand zu verharren. Nein, es macht mich nur trauriger, als die Situation schon ist. Ich muss ja mein Leben erträglich(er) machen, es will gelebt werden.

Und da ist es doch einfacher, mir selbst nicht noch ein Bein zu stellen, sondern nach dem besseren Weg zu suchen. Auch aus Steinen, die in den Weg gelegt werden, kann man schönes bauen. Ja, aber wenn es mir richtig schlecht geht, bekomme ich bei diesem Spruch Wut und ein sarkastisches Lachen maximal zustande.

Wir können durch diese positive Ablenkung im Gehirn, also auch Hinterfragen unserer eigenen Gedanken, neue Wege, Lösungen und Möglichkeiten finden.

Ich habe gerade einmal darüber nachgedacht, wie dankbar wir eigentlich zum Beispiel für eine Paketlieferung über Nacht sein müssten. Wir nehmen es als selbstverständlich hin. Wehe, wenn das Paket nicht am nächsten Tag vor unserer Tür landet. Aber ich stelle mir auch die Frage, wer da nachts alles dafür arbeiten muss, während ich ruhig schlafe. Nicht nur die Logistikbranche arbeitet nachts, viele andere auch.

Bewerte andere nicht voreilig, auch nicht dich selbst. Oft merkst du selbst nicht, wie schlecht und abwertend du über dich denkst, egal ob es äußere oder charakterliche Merkmale sind.

Also wer sagt, wie die Ohren zu sein haben? Wer beurteilt das überhaupt und muss diese Meinung richtig sein? Nein!

Keiner kann sagen, was richtig oder falsch ist, niemand!

Gerade mit diesen Ohren bin ich ein toller Mensch, na und, das sind meine Ohren! Danke, dass ich diese Ohren habe.

Dein Körper leistet so viel für dich! Danke ihm einmal bewusst.

Hinterfrage deine Gedanken. Geh in die Natur und betrachte einen Baum mal genauer. Auch wenn er noch so schief gewachsen ist, erfüllt er für uns viele gute und gesunde Aufgaben und zum Nutzen für uns. Jeder Mensch ist anders und wie ein Baum auch Natur! Wir sind keine Maschinen und selbst Maschinen sind fehler- und störanfällig und müssen auch gepflegt und gewartet werden. Jeder Mensch ist anders, es gibt keine völlig übereinstimmenden Zwillinge.

Wenn du mal wieder mit dem Leben haderst: *„Warum hat mir das Leben keine Zeichen gesandt? Habe ich die Zeichen übersehen oder ignoriert? Welche? Warum?"* Dann nicht gleich wieder Schuldgefühle und Selbstabwertung! Nein, du warst nicht dumm und bist es auch nicht. *„Was machen erfolgreiche Leute anders?"* Sie haben auch ihre schlechten Momente! Werbung suggeriert nur Sonnenschein, auch das ist nicht immer so.

„Ich habe schon oft bewiesen, großartig zu sein, aber meine Leistungen wurden nicht honoriert von anderen, aber dennoch habe ich enorme Leistungen vollbracht, mit angezogener Handbremse", denkst du sicher auch manchmal und bist verzweifelt oder ratlos.

Als Kind entwickelt man Überlebensstrategien, eine Art Gegenwirkung, Rückzug ist manchmal die einzige Variante, bei mir war es das Lesen, so kam ich in andere Geschichten, in andere Welten und das tat gut, ich habe viele Bücher ausgeliehen.

Ich habe meine eigenen Gedanken hinterfragt und ersetzt, wenn ich gemerkt habe, dass diese Gedanken nicht richtig sein können, weil sie mich nur in eine gedankliche Abwärtsspirale treiben, anstatt mich vorwärts zu bringen und mich aufzubauen. Unser Gehirn ist dadurch auch abgelenkt, es sucht selbst auch nach Lösungen. Wichtig ist aber auch, die Gefühle nicht zu ignorieren. Die Gefühle weisen meist den richtigen Weg.

Woher komme ich?

DDR-Kind? Ossi, Wessi, Nordi, Südi, Mitti - hä?

Das Bild auf dem Buchumschlag mit der Beschriftung „Geschenksendung, keine Handelsware" stammt aus der DDR-Zeit. Damals haben die Menschen aus der Bundesrepublik (Westteil Deutschlands) Pakete an Verwandte oder Freunde in die DDR (Ostteil Deutschlands) gesandt und mussten auf dem Paket diesen Satz vermerken. Dieser Satz passt aber auch zu unserem Leben, denn unser Leben und vor allem unsere Gesundheit ist halt keine Handelsware, sondern ein Geschenk, oder? Was denkst du?

Nach 33 Jahren Mauerfall teilen wir immer noch in „Ossi" und „Wessi" ein. Das muss man sich mal überdenken! Es gibt doch auch keinen „Nordi" und „Südi". Das Schubladendenken und Vorurteile hindert uns Menschen oft, überhaupt dem anderen einfach so zu begegnen und gelassener miteinander umzugehen.

Hungern mussten wir nicht in der DDR, doch es war schon einiges eigenartig, insbesondere die fehlende Freiheit. Doch was ist Freiheit? Es gibt immer Vor- und Nachteile, in jedem Land.

Ich war mit vielen Dingen in der DDR nicht einverstanden und nicht „systemtreu".

Aber das Gefühl der Menschen aus der DDR in den 1990er Jahren, „vom Westen überrollt zu werden", kommt nicht einfach so, denn viele Firmen hatten nun Westdeutsche als Chefs, die Institutionen und Behörden ebenfalls. Steuerzahlungen aus Ostniederlassungen gingen meist in Stammsitze der Firmen, also in die Altbundesländer. Der Osten wurde Billiglohnland. Arbeiteten die Menschen aus dem Westen besser? Ich glaube nicht, denn Menschen aus dem Osten waren ebenso fleißig, fortbildungswillig, anpassungsfähig und absolut flexibel und hatten teilweise widrige Bedingungen hinter sich. Auch im Osten entstanden moderne Firmen, also fehlende Produktivität war für finanzielles nur eine Ausrede.

Die Erinnerung an die DDR-Zeiten bringt mich auch zum Schmunzeln.

Zum Beispiel war es interessant beim Einkauf oder auch nur bei einem Stadtbummel: man stellte sich bei sämtlichen Läden, vor denen sich eine Schlange bildete, erst einmal an, ohne zu wissen, was es denn „Gutes" gab. Dann fragte man sich in der Reihe der Wartenden durch, was es denn überhaupt im Angebot gibt. Heute lacht man herzlich darüber, aber nur so kam man an begehrte Waren heran, die man evtl. tauschen konnte gegen andere selten vorhandene Dinge, ja auch gegen Wasserhähne oder Baumaterialien.

Im Lebensmittelladen freute man sich so über gutes Bier, was aufgrund seiner Qualität meist für den Export zur Devisenbeschaffung (Dollar) bestimmt war, im Geschenkeladen kam man vielleicht zufällig gerade richtig, als Nussknacker aus Seiffen geliefert wurden, im Musikgeschäft ergatterte man eventuell Langspielplatten aus Vinyl (LP bedeutet Langspielplatte, ja so hießen die damals) von AC/DC, etc.

Es ist einfach Geschichte, die zu uns gehört. Manches war lustig, vieles auch einfach traurig und für manche sogar bedrohlich, das darf man nie vergessen.

Das teilweise erschwerte Leben der Menschen in der DDR muss aber wertgeschätzt werden in heutiger Zeit.

Ohne es schön zu reden, was damals in der DDR abging, war eigenartig, aber, wie gesagt, hungern mussten wir auch nicht.

Das Fleisch am Wochenende, wollte ich als Kind nicht, „Katschfleisch" mochte ich sowieso nicht. Slogans, wie „Nimm ein Ei mehr" (da es genug Eier gab in der DDR) und „Waldmeister ist krebserregend" (Waldmeister war Mangelware in der DDR) gibt es in ähnlicher Form heute, meist vom Lobbyismus begleitet.
Da muss ich immer schmunzeln, auch wenn manches eigentlich nicht zum Lachen ist.

Einige Sachen, vor allem zum Verbrauch, kann man aus der Vorwendezeit auch lernen und auf die heutige Zeit anwenden.

Muss es jeden Tag Fleisch sein? Wurst? Jedes Jahr ein neues Smartphone? Ganz zu schweigen von Umweltfaktoren, was brauchen wir wirklich? Was brauche ich zum Leben, zum Zufriedensein, was zählt wirklich für mich?

Ist unser Kaufverhalten nur Trost für innere Leere?

Das tägliche Geschenk um uns herum

Du bist, was du isst…

Was du isst, welche Qualität, welche Menge und wie du es zu dir nimmst, also ob mit Zeit oder „herunter schlingen", das alles ist entscheidend auch für deine Gesundheit insgesamt. Nicht nur dein Verdauungsapparat ist sonst in Gefahr, auch dein Körper, Geist und Seele.

Denn was aus der Nahrung durch deine Verdauungsorgane aufgenommen wird, entscheidest du mit. Der Verdauungstrakt ist sehr filigran und empfindlich. Auf Stress oder Angst oder auch Verliebtheit reagiert dein Bauch mit Grummeln, Drücken, Schmerzen, Krämpfen, je nachdem.

Die chemischen Prozesse des Verdauens sind ein Wunder, aber störanfällig. Wir sind eben Natur und keine Maschinen, aber selbst Maschinen müssen gewartet und gepflegt werden, damit sie lange und gut funktionieren, wiederhole ich noch einmal.

Wer immer hastig sein ungesundes Essen herunterschlingt, muss sich nicht wundern, wenn Magenkrämpfe kommen oder Mangelernährungserscheinungen. Auch ich habe dies jahrelang ignoriert. Der Körper zeigt dir mit Schmerzen oder Unwohlsein, dass du etwas ändern musst.

Aber wenn man älter wird, spätestens dann kann man nicht mehr alles so leicht ausgleichen. Nimm dir Zeit für dich, auch beim Thema Essen.

So ist Suppe oder Brei (kann auch leckerer Kartoffelbrei sein, auch ohne Milch als Stampf) bei belastenden Lebenssituationen die bessere Wahl als eine Riesenportion Chips in sich hinein zu stopfen.

Mit der Suppe oder dem Brei wird der Verdauungsapparat geschont, denn du bist mit deiner anspruchsvollen Lebenssituation genug gestresst und brauchst Kraft und Energie dort und nicht durch erschwerte Verdauung.

Auch ich komme nach vielen Jahren, in denen ich mir keine Gedanken machte, wo denn der ganze Müll mal hinsoll, nun endlich zu dem Versuch, Plaste zu reduzieren, nachhaltiger und damit andere Lebewesen (Tiere) achtender, zu leben. Wir haben ja nur die eine Erde, das ist doch wahr und wir können uns nicht selbst den Boden unter den Füßen quasi kaputtmachen.

Die Natur (besonders ein Park und der Wald) gibt uns so viel Kraft und Energie, beruhigt uns, gibt wertvolle Aerosole ab, ernährt uns und gibt uns ein Zuhause. In der Natur kannst du sein wie du bist, dort nörgelt keiner an dir herum. Wir Menschen sind auch Natur.

Ich will hier niemanden bevormunden, aber vielleicht zum Nachdenken (auch mich selbst mit eingeschlossen) anregen:

Müssen es immer öfter neue Klamotten sein (noch dazu: wer stellt sie billig für uns her, woher kommen sie…?), muss jedes Jahr ein neues Handy gekauft werden (gleiche Fragen zur Herstellung wie oben) usw. Das kann doch nicht gut sein, oder? Brauche ich dies überhaupt? Von Umweltschäden und Umwelt- und Menschenausbeutung hier ganz zu schweigen.

Klar, manchmal hat man „Frustkauf" betrieben, aber auch das müssten wir mal überdenken. Ein Bad oder Spaziergang sind genauso hilfreich und tröstend, denn der Neukauf ist nur eine kurzfristige Belohnung (Belohnung ist ja Lob und tut dem Selbstwert gut, man fühlt sich belohnt). Aber es gibt immer zwei Seiten, überlege auch dies einmal.

Zur Reduzierung der Plasteverpackungen habe ich im Bad begonnen, denn dort fällt der meiste Plastemüll bei Seife, Duschbad, Shampoo und Zahnbürste und -pasta an.
Leicht war es beim Waschmittel, das gibt es schon in Pappverpackung, juhu.

Wenn jeder einen Beitrag leistet, ist es gut und wirkungsvoll. Manche denken, „ach ich allein bewirke doch nichts".

Aber wenn man dies einmal auf uns alle Menschen zahlenmäßig hochrechnet, allein in unserem Land, das sind enorme Berge an Plastemüll, allein durch Shampoo und Flüssigseife.

Im Unverpacktladen habe ich Flüssigseife gekauft (abgefüllt in meine leeren Seifenflaschen), die kostet nicht einmal die Hälfte der herkömmlichen sogar preiswerten Variante der Flüssigseife. Feste Seife mag ich nicht so, da das immer so „schlammig" wird auf dem Waschbeckenrand und ich eine andere Variante noch nicht gefunden habe. Aber auch hier kommen immer wieder neue Ideen.

In der Küche habe ich versucht, plastefrei, unverpackte Lebensmittel einzukaufen und zum Beispiel ausprobiert, wie Sojagerichte schmecken. Probieren kann man es ja, man sollte alles einmal probieren und kann dann entscheiden.

Aber auch der Soja-Anbau ist nur bedingt positiv, ich denke dabei an Monokultur und andere Probleme durch Profitgier. Alles muss im Rahmen bleiben!

So habe ich einmal nur Sojabohnen gekauft, die unbedingt eingeweicht und gekocht werden müssen, nebenbei bemerkt. Suche dir dafür die entsprechenden Rezepte! Das Ergebnis war dann nach dem Durchsieben die Sojamilch, und was im Sieb übrig war, kann wie Hackfleisch verarbeitet werden.

Was soll ich sagen, es schmeckt lecker! Beim Hackbällchen, auch wenn es nicht aus Fleisch besteht, ist der Geschmack ja durch Gewürze sowieso dem echten Fleischgericht anpassbar. Man merkt kaum den Unterschied und auch in der Konsistenz ist selbst ein kleiner Unterschied nicht negativ. Kalt schmeckt es übrigens wie Leberwurst, einfach lecker.

Tofu schmeckt mir jedoch gar nicht, auch nicht die selbst gemachte Variante, aber dies ist Geschmackssache.

Dennoch möchte ich nicht auf Fleisch verzichten, esse es aber seltener und genieße dabei Fleisch aus bewusster Aufzucht und Verarbeitung, denn auch Tiere sind Lebewesen wie wir Menschen auch.

Was ist Würde auch für andere Lebewesen (artgerechte Tierhaltung und -verarbeitung, regionales kaufen) und was macht es aus, etwas weniger Fleisch und Wurst zu konsumieren (die Wurst ist eh verarbeitet, da kann man am ehesten drauf verzichten und Alternativen zusammenwürzen, da merkt man keinen Unterschied).

Hinzu kommt, welcher Aufwand für 1 kg Fleisch erforderlich ist. Ich habe mal gehört, dass für 1 kg Fleisch eine enorm große Menge Wasser benötigt wird, dazu natürlich noch das Futter für die Tiere. Das muss man sich mal vor Augen halten!

Das Wasser wird vielleicht auch immer knapper und die Dürrejahre machen auch anfällig für Futterknappheit der Tiere.

Man muss es ganz einfach als Gesamtes sehen!

Also auch hier, werde dir bewusst, was du denkst und ob Umdenken, zumindest teilweise, der bessere Weg ist. Es kann auch Freude machen, etwas Neues zu entdecken. Aber es darf keine Bevormundung geben.

So war es bei mir

Irgendwann schreibe ich ein Buch. Das möchte wohl fast jeder einmal in seinem Leben.

Ein Buch schreiben, ja, das wollte ich. Irgendwann, ja irgendwann einmal. Denn auch ich habe der Welt einiges mitzugeben. Manches ist sinnvoll, anderes weniger sinngestaltend.

Aber wer beurteilt das schon. Wer sagt, was richtig oder falsch ist? Gibt es richtig oder falsch überhaupt? Ich meine, nein (solange man anderen keinen Schaden zufügt!).

Ich habe nun schon mehrere Bücher geschrieben, zum Thema chronische Schmerzen und zur Vorbeugung von Schmerzen und Verspannungen, denn hier habe ich jahrzehntelange eigene Erfahrungen gemacht, leider. Aber vielleicht kann ich dadurch anderen Menschen weiterhelfen, das würde mich freuen.

Ja, ich habe der Welt auch viele Tipps mitzuteilen, so zum Beispiel wie man mit wenig Geld am besten hinkommt bis zum Monatsende.
Ich liege so dreimal die Woche mit Schmerzen, teilweise verbunden mit Übelkeit, und kein Arbeitgeber freut sich auf

mich, logisch. So musste auch ich mit Arbeitslosengeld wohl oder übel auskommen.

Bei vielen Krankheiten, so auch bei Migräne, darf man aber auch nachdenken, ob diese Erkrankung am Ende mir Änderungen in meiner Lebensweise nahelegen will. Möchte die Migräne mir etwas sagen, soll ich mich schützen vor etwas, was mir eigentlich zu viel ist oder sollte ich tatsächlich etwas ändern in meinem Leben?

Doch oft kann man wirklich nichts oder nicht viel ändern im Alltag.

Pflichten in der Familie, im Beruf und privat mit pflege- und betreuungsbedürftigen Eltern, man hat keine Wahl.
Man muss, egal, ob man kann und will, man hat nur einen kleinen Änderungsspielraum.

Bei mir war es so, dass ich für meine Eltern da sein musste, damit sie so lange wie möglich in ihrem Zuhause wohnen konnten und nicht in einem Heim leben mussten. Ich wollte sie nie in ein Heim geben, sie selbst wollten es sicher auch nicht. Also musste auch ich funktionieren. Erst als die Ärztin der Eltern zu mir sagte, die Eltern müssen ins Heim, sie können nicht beide pflegen und betreuen, erst recht nicht mit ihrer „angeschlagenen" Gesundheit, habe ich versucht, ein gutes Heim auszusuchen.

Ich habe Burnout hinter mir, der totale Zusammenbruch. Mehrere Hörstürze, Tinnitus und andere Sachen. Der Körper streikt und sagt mir, so nicht mehr mit mir.

Migräne und immer wieder Medikamente führen zur Erschöpfung des Körpers, man steckt das alles im Alter von 20 Jahren leichter weg als mit 40. Dass dies auch zu Angstzuständen führt ist fast klar.

Als Arbeitnehmer habe ich Angst vor dem nächsten Anfall und möglicher Arbeitsunfähigkeit mit eventuell folgendem Verlust des Arbeitsplatzes.

Wie man isst, so arbeitet man, war der Spruch in meinem früheren Zuhause. Also schlang ich das Essen hinunter, auch um schnell vom Tisch aufstehen zu können. Oft aß ich langsam, weil es mir nicht schmeckte, aber das ist etwas anderes. Ergebnis des hastigen Essens jedoch waren Magen- und Darmprobleme, Gastritis und anderes in der Familie.

Als Kind und auch als Teenager hatten manche, auch ich, das Gefühl, anderen zur Last zu fallen oder nicht gut genug zu sein. Woher kommt dieses Gefühl? Sicher ist das kein gutes Selbstwertgefühl und dies schafft im Erwachsenenalter viele Probleme.

Ein hoher Perfektionswille und immer kämpfen mit angezogener Handbremse, da geht jeder Motor kaputt (Vergleich mit einer

Maschine, das wiederhole ich hier an dieser Stelle nicht). Dies alles resultiert auch aus zu wenig Selbstwertgefühl, das ist der Schlüssel, wie mir immer mehr klar wurde.

So begann ich nach und nach zu ergründen, warum mein Selbstwertgefühl so gering ist. Die Erkenntnis, dass ich mich bewerte und vor allem auch abwerte, und das dies aus der Kindheit stammt, erst einmal zu erkennen, und zu begreifen, allein das ist schon ein langer Weg. Aber erst dann, wenn man den Fakt kennt, kann man danach die Ursache ergründen und im Anschluss an der Beseitigung arbeiten. Das ist ein langer Weg. Aber er ist richtig und wichtig, um gesund zu bleiben oder zu werden.

Das wird beim Arzt meist nicht verstanden. Aber der Kostendruck lässt im Arztalltag oft nichts anderes zu. Das ist ein generelles Problem, dafür können die Ärzte in der Regel auch nichts.

So habe ich nach anderen Möglichkeiten gesucht. Kann ich zum Beispiel Akupunktur als Patient nicht bezahlen, so habe ich mir die Technik der milderen Variante Akupressur durch Bücher aus der Bibliothek selbst angeeignet. Man muss immer selbst aktiv werden, solange man dies überhaupt kann aufgrund seiner Erkrankung oder Behinderung, wohl bemerkt!

Werde dir auch deshalb bewusst, wie wichtig deine Gesundheit ist. Sie ist die absolute Basis deines Lebens. Finanzieller Reichtum, materielles Denken, hilft hier nur teilweise weiter.

Dennoch bin ich dankbar, einfach dankbar, auf dieser Welt zu sein.

Ist das Leben das seltsame Geschenk? Ich glaube ja.

Es ist ein Geschenk. Wir wurden geboren. Dieses Geschenk zeigt sich im Laufe unseres Lebens von vielen verschiedenen Seiten, mal positiv, mal negativ, mal neutral. Es liegt an uns, unserer Sichtweise, Gedankenwelt, aber nicht nur. Denn schlechtes kann man nicht allein durch positives Denken gut werden lassen.

Selbst wenn es mir fast jede Woche mit gesundheitlichen Krisen oder auch anderen Problemen daherkommt, es ist trotzdem interessant und abwechslungsreich (auch wenn ich mir manche Abwechslung gern ersparen würde). Es kommen auch schöne und lustige Momente. Das Leben ist schön.

Und nicht vergessen: raus in die Natur, denn nur dort findet man (natürliche) Ideen, Kraft und Energie. Die Natur ist wie sie ist, nicht perfekt und das ist gut so. Wir Menschen sind auch Natur und keine Maschinen. Maschinen müssen auch gewartet und gepflegt und manchmal umprogrammiert werden. Das

„Umprogrammieren", zum guten Nutzen aller Menschen und für uns selbst, können wir wiederum auch gern bei uns anwenden in Form von Über- und Umdenken so mancher Alltagssituation.

Zum guten Schluss:

Ich gebe hier in diesem Buch nur meine Erfahrungen weiter aus meinem Leben („Ü50, wo sind nur die Jahre hin…", aber dies ist kein Grund, gleich zu verzweifeln).

Es gibt immer zwei Seiten, meistens zumindest.

Das vorliegende Buch muss auch mit einem Augenzwinkern versehen sein, denn das Leben ist nur mit einer Portion Humor zu genießen, finde ich.

Etwas Neues auszuprobieren erfordert Mut, aber mach es, du kannst es einfach probieren. „Nein, das kann ich sowieso nicht, Nein", viele Gründe zeigt dein innerer Kritiker (der wohl noch aus der Kindheit stammt, oder?).

Ich habe auch gehadert mit diesem Buch und meinen weiteren Büchern, „das liest sowieso keiner, das ist viel zu teuer in der Herstellung, das…." und so weiter, aber ich habe es dann doch probiert. Ich habe es gemacht.

Hätte ich weiter meinen eigenen Gedanken geglaubt, wie z. B. „ach, ich kann doch sowieso kein Buch schreiben", „es ist viel zu teuer", „wer liest das schon, keiner", wäre dieses Buch nie entstanden.

Ich kann dir nur sagen, mach einfach. Mach das, was du am liebsten einmal machen möchtest (natürlich niemandem schaden damit!) und beginne es.

Nicht erst auf irgendwas warten, wie manche auf das Geld oder ... oder die Rente „dann mach ich das". Mach es jetzt, probiere es! Nun aber los! Und höre nicht auf das, was andere dir raten.

Es ist die Denkweise, die eine große Rolle spielt, glaube mir!

Alles Gute für dich und denke daran,

du bist nicht allein.

Mein Notprogramm für Widrigkeiten aller Art im Alltag ...

Meist ist das Nervensystem überfordert oder überreizt. Deshalb können folgende Aktionen hilfreich sein, bei Ärger, Reizüberflutung durch schlechte Nachrichten, Angst, Traurigkeit, Schlaflosigkeit, Erschöpfung, Stress usw.:

Vergiss nicht, du bist wertvoll, sei es dir selbst und deiner Gesundheit wert und schaffe ein gutes Selbstwertgefühl. Trainiere es, wie im Sport trainiert wird: immer Wiederholungen (siehe auch Kapitel Selbstwertgefühl, Kapitel Inneres Kind u. a.).

Gern kannst du auch meine Video-Podcast-Folgen **zu diesen Themen auf meinem YouTube-Kanal ansehen**, diese sind zum Sehen, Lesen und Hören, also auch für seh- und hörbeeinträchtigte Menschen geeignet) oder Podcastfolgen auf **Spotify** anhören, genaueres am Ende dieses Buches).

Zunächst tief ein- und ausatmen. Mehrmals. Klingt so einfach, ist aber so sehr wichtig. Gerade weil es so simpel ist, machen wir es (absichtlich) oft nicht. Tut aber wirklich gut. Dabei beruhigt sich Nervensystem und es fließt wieder Energie und gibt Kraft.

Die Durchblutung wird besser, die Organversorgung dadurch auch.

Kleine tägliche Übungen, wie zum Beispiel die so genannte „Chefpose", am besten jeden Morgen gemacht, helfen ganz gut und bringen dich auch zum Lächeln (was ja schon ein guter Ansatz ist, denn Lachen ist gesund). Sie geht so: gerade hinsetzen, Kinn hoch („Sei nicht hochnäsig", stammt aus der Kindheit und verhindert dies, stimmts?), dann dehne dich, recke und strecke dich, Hände hinter dem Kopf im Nacken falten.

Gedanken prüfen: Ich habe meine eigenen **Gedanken** hinterfragt und versucht, diese zu ersetzen, wenn ich gemerkt habe, dass diese Gedanken nicht richtig sein können und mich in eine gedankliche Abwärtsspirale, anstatt mich vorwärts zu bringen und mich aufzubauen. Unser Gehirn ist dadurch auch abgelenkt, es sucht selbst auch nach Lösungen.

Dann, **Ruhe bewahren**, **und mich**, wenn nötig, **liebevoll zur Ruhe zwingen**, meinen Geist (und inneren Kritiker) ganz bewusst mal auffordern, jetzt endlich still zu sein (vor allem bei Schlafstörung und wenn Grübeln stark ist).

Überlegen, was jetzt momentan die beste Wirkung erzielt: Körper und/oder Geist und/oder Seele.

Der Körper lügt nie, heißt es, also die **Körperreaktionen erspüren und nutzen**, um zu wissen, was uns fehlt, wie es uns im Moment geht (Beispiel: Hunger, das kennen wir alle, zeigt sich durch Magenknurren, aber nicht nur). Warum spüren wir nicht öfter in uns, um zu erfahren, was uns fehlen könnte?

„Hand aufs Herz" sagt man so, aber es ist wirklich wirksam: **also die Hand auf das Herz legen.** So ist man gleich viel ehrlicher, auch zu sich selbst.

Durch die Beruhigung des Nervensystems erhalten wir außerdem wieder den klaren Kopf (Verstand – Geist). Das ist hilfreich auch in Krisensituationen, wenn eine vermeintlich schlechte Nachricht eine weitere ablöst.

Achtung: Bewertung, ob es eine schlechte oder auch positive Dinge enthaltene Nachricht ist, bestimmt auch unsere Denkweise, die überprüft werden sollte!

Der Körper beruhigt die Seele und umgekehrt, die Seele beruhigt den Körper. Beide Wege muss man beachten.

Sehr gut ist etwas **Bewegung und die Natur,** vor allem an frischer Luft oder, wenn man krank ist und nicht hinaus kann, bei geöffnetem Fenster Bäume oder das Grün beobachten, sehen, wie die Wolken ziehen etc. Das ist sehr hilfreich und muntert auf. Manche starten lieber eine Joggingrunde oder andere sportliche Betätigung.

Die Natur ist aber generell heilsam, für Körper und Geist und Seele. Wir sind auch Natur.

In der Natur bewertet uns niemand, dem Baum ist es egal, wie wir aussehen und ob wir eine schiefe Nase und große Ohren haben (wer sagt überhaupt, was zu schief und zu groß ist?).

Das tut unserer Seele gut und besonders im Wald oder im Park schaffen die Inhaltsstoffe der Luft für unseren Körper einen Zugewinn.

Aufrecht sitzen oder gehen

Denn dadurch erhält der Geist die Mitteilung, dass es uns gut geht und dadurch werden die inneren Organe nicht gedrückt, sondern besser durchblutet und wir fühlen uns wohler. Es entsteht dadurch zum Beispiel nicht so schnell Bauchweh.

Lachen, zunächst eventuell auch nur Grimassen

Beim Lachen ist die Atmung besser. Wenn uns nicht zum Lachen ist, dann einfach mit Grimassen beginnen (oder ein sarkastisches Lachen), das Lachen kommt dann fast automatisch.

Welche der aufgeführten Möglichkeiten du wählen möchtest, kannst du dir überlegen. Ich habe sie in vielen Situationen als hilfreich erlebt.

Und nicht vergessen:
Die Natur ist wie sie ist, nicht perfekt und das ist gut so.

Wir Menschen sind auch Natur und keine Maschinen. Maschinen müssen auch gewartet und gepflegt und manchmal umprogrammiert werden.

Das „Umprogrammieren", zum guten Nutzen für alle Menschen und für uns selbst, können wir wiederum auch gern bei uns anwenden in Form von Über- und Umdenken so mancher Alltagssituation.

Dazu braucht man etwas Ruhe, gönne dir diese Ruhe täglich, auch wenn es nur einige Minuten sind, sei es dir wert. Dir und deiner Gesundheit. Und hinterfrage in diesen Minuten, lausche in dich hinein, und mit der Zeit bekommst du dann die Antworten, ganz von deinem Inneren – was wirklich wichtig ist für dich im Leben, für deine Gesundheit und dein Wohlergehen, liebevoll ohne Egoismus (das ist keine Zauberei!).

Wichtig ist außerdem: **lächele** dich tagsüber immer wieder im Spiegel bewusst an, mach Grimassen, bis du echt lachen kannst (wenn dir nicht zum Lachen ist, fange sarkastisch an).

Mach es jeden Tag wie das Zähneputzen!! Es zeigt Wirkung, denn danach geht es dir meist besser.

Klar, nicht jeder Moment und nicht jeder Tag ist der Gleiche, aber versuche es.

Vergiss nicht, du bist wertvoll, sei es dir selbst und deiner Gesundheit wert und schaffe ein gutes Selbstwertgefühl, trainiere es, wie im Sport trainiert wird: ständige Wiederholungen.

Wichtige und nette Hinweise:

Ich bin bestimmt nicht klüger als du, aber ich hatte viel Zeit zum Nachdenken während Erkrankung. Ich bin kein Arzt oder Therapeut. Wenn du dich krank fühlst oder es dir seelisch schlecht geht, bist du selbst verantwortlich, einen Arzt oder Therapeuten aufzusuchen. Du selbst bist verantwortlich für dein körperliches, geistiges und seelisches Wohlbefinden.
Ich gebe hier in diesem Buch meine Erfahrungen weiter nach bestem Wissen und Gewissen. Mir liegen die Menschen am Herzen und ich möchte anderen helfen, das Leben lebenswert(er) zu machen.

Zum guten Schluss:

Etwas Neues auszuprobieren, erfordert Mut, aber mach es, du kannst es einfach probieren. „Nein, das kann ich sowieso nicht, Nein", viele Gründe zeigt dein innerer Kritiker (der wohl noch aus der Kindheit stammt, oder?). Ich habe auch gehadert mit diesem Buch, „das liest sowieso keiner, das ist viel zu teuer in der

Herstellung, das ..." und so weiter, aber ich habe es dann doch probiert. Ich habe es gemacht.

Hätte ich weiter meinen eigenen Gedanken geglaubt, wie z. B. „ach, ich kann doch sowieso kein Buch schreiben", „es ist viel zu teuer", „wer liest das schon, keiner", wäre dieses Buch nie entstanden. Ich kann dir nur sagen, mach einfach. Mach das, was du am liebsten einmal machen möchtest (natürlich niemandem schaden damit!), und beginne es. Nicht erst auf irgendwas warten, wie manche auf das Geld oder das Rentenalter warten: „dann mach ich das".

Mach es jetzt, probiere es!
Nun aber los! Und höre nicht auf alles, was andere dir raten. Gehe deinen eigenen Gefühlen nach, hinterfrage sie ehrlich.

Ich gebe hier in diesem Buch nur meine Erfahrungen weiter aus meinem Leben („Ü50, wo sind nur die Jahre hin...", aber dies ist kein Grund, zu verzweifeln). Es gibt immer zwei Seiten, meistens zumindest.
Das Leben ist nur mit einer Portion Humor zu genießen, finde ich.

Ich hatte bereits selbst einige Krisen zu bewältigen, Angehörige zu betreuen und zu pflegen, Burnout und weitere Erkrankungen und viele Schmerzen zu ertragen, seelisch und körperlich.

Mein Motto ist: „Nach Regen kommt Sonne, wobei auch der Regen schön sein kann, und (fast) alles im Leben hat zwei Seiten, alles ist relativ". Aber das klingt in der Theorie alles leichter, als es im wahren Leben oft ist.

Es gibt meist mehrere Wege zur Lösung eines Problems, aber manchmal sehen wir nicht einmal den einen Weg zum Weitergehen.

Fühle in dich hinein, was sich wirklich gut anfühlt. Versuche es immer wieder, denn manchmal spürt man es auch nicht gleich. Versuche zur Ruhe zu kommen, der Alltag ist voll von Ängsten und Sorgen und Ablenkungen.

Alles Liebe und alles Gute für dich und denke daran, du bist nicht allein, es geht vielen wie dir.

Auch ich bin gern für dich da:

Ich hoffe und wünsche dir von ganzem Herzen, dass du immer deinen guten Weg findest, **gern auch mit mir und meiner Hilfe - also Pausenwege:**

Wir brauchen mehr **Pausenwege** in unserem Alltag!

Wenn du magst, dann besuche mich gern auf meiner
Internetseite: www.pausenwege.de.

Gern kannst du mich auch auf YouTube hören, lesen und
sehen   (Podcasts   und   Videos   mit
Beschriftung/Untertiteln/Mantras, somit also auch für seh-
und   hörbeeinträchtigte   Menschen   geeignet):   **Mein
YouTube-Kanal heißt Pausenwege**

Und mein **Podcast bei Spotify:**
Spannung Schmerz Migräne Fibromyalgie -
einfach die Worte **Spannung Schmerz** eingeben und dann
findest du meinen Podcast bei Spotify eigentlich schnell.

Platz für eigene Notizen

Platz für eigene Notizen